攀枝花三线建设家书选

中共攀枝花市委党校·三线建设干部学院
中共攀枝花市委老干部局·中共攀枝花市委党史研究室 编

西南交通大学出版社
·成都·

图书在版编目（ＣＩＰ）数据

攀枝花三线建设家书选 / 中共攀枝花市委党校等编
. —成都：西南交通大学出版社，2021.2
ISBN 978-7-5643-7978-0

Ⅰ. ①攀… Ⅱ. ①中… Ⅲ. ①书信集 – 中国 – 当代
Ⅳ. ①I267.5

中国版本图书馆 CIP 数据核字（2021）第 024624 号

Panzhihua Sanxian Jianshe Jiashu Xuan
攀枝花三线建设家书选

| 中共攀枝花市委党校 | 三线建设干部学院 | |
| 中共攀枝花市委老干部局 | 中共攀枝花市委党史研究室 | 编 |

责 任 编 辑	郭发仔
助 理 编 辑	李　欣
封 面 设 计	原谋书装
出 版 发 行	西南交通大学出版社
	（四川省成都市金牛区二环路北一段 111 号
	西南交通大学创新大厦 21 楼）
发行部电话	028-87600564　028-87600533
邮 政 编 码	610031
网　　　址	http://www.xnjdcbs.com
印　　　刷	成都蜀通印务有限责任公司
成 品 尺 寸	165mm × 230 mm
印　　　张	12.25
字　　　数	116 千
版　　　次	2021 年 2 月第 1 版
印　　　次	2021 年 2 月第 1 次
书　　　号	ISBN 978-7-5643-7978-0
定　　　价	48.00 元

编委会

记三线峥嵘岁月　存最美青春回忆

——《攀枝花三线建设家书选》序

洛阳城里见秋风，欲作家书意万重。
复恐匆匆说不尽，行人临发又开封。

——唐　张籍

自古以来，家书便是传递情感的特殊载体。"烽火连三月，家书抵万金"反映的是边疆战士对亲人的渴盼。"云中谁寄锦书来？雁字回时，月满西楼"表达的是妻子对丈夫的眷念。而曾国藩家书、傅雷家书则被集撰成册，用以勉励后人。在人们的生活世界里，家书具有叙述生活、交流情感、承载记忆、教化人心的重要功能。古今中外，概莫能外。

20世纪60年代，我国面临严峻的安全形势，为满足备战需要，国家启动"三线建设"，在中西部地区的13个省、自治区进行了一场大规模的国防、科技、工业和交通基础设施建设。在这场史无前例的大会战中，数百万三线人用青春和热血谱写了一幅气壮山河的历史画卷，他们的理想、情操至今仍闪耀着绚丽夺目的时代光辉。

攀枝花是三线建设的龙头，当年，数十万建设者从祖国各地奔赴金沙江畔，他们背井离乡、远隔千山万水，夜深人静之时常常思念亲人，情感寄托只能依靠鸿雁传书。50余年过去了，当年的建设者们已经老去，如何留住时光，再现那段峥嵘岁月成为摆在我们面前的重要课题。近年来，随着口述历史兴起，部分三线建设者的奋斗经历得以存续，但仍有诸多不足。如果说口述历史是当年之人用今天的语言讲述当年之事，那么由于时空的延伸，语言和情感必然带来生疏与隔阂。而家书则是当年之人，用当年的语言讲述当年的情怀，一字一句皆饱含思念，遍注深情。这些家书，既深刻再现了当年建设者艰苦的奋斗经历，又展现出浓郁的家国情怀，感人至深、发人深省，是进行理想信念教育最生动、最有说服力的教材。

鉴于此，中共攀枝花市委党校、三线建设干部学院，联合市委老干部局、市委党史研究室，面向全市广泛征集当年建设时期的家书（含两封李鸿涛和朱凤才与好友的书信），用书简承载历史、留存记忆。年华易老、光阴易逝，但字里行间的亲情不会更改，且历久弥新。透过这些日趋泛黄的笺纸，我们不仅可以看到当年三线人的精神面貌、理想情操与情感经历，而且可以从中窥见一个时代的脉搏与喜怒哀乐，更可成为一扇社会观察的窗口。

编撰过程中，我们得到了不少单位和个人的大力支持，由于年代久远，不少三线建设时期的家书在岁月的颠簸中遗失了，能够传承下来的少之又少。为了"拯救"这些即将消逝的珍贵史料，我们通过大量的走访、寻求，得到了无数三线人的鼎力支持，最终集腋成裘，才使这次编撰工作得以顺利进行。

最后，向曾经参与、支持过攀枝花三线建设的先辈和关心支持《攀枝花三线建设家书选》的各界朋友致以最崇高的敬意！

编委会

2020 年 11 月 20 日

整理说明

一、收录范围。本书收录家书主要来自参与攀枝花三线建设的开发建设者与其家属、朋友的通信。

二、编排次序。本书共收录攀枝花三线建设家书35封，按家书写作时间先后排序。

三、标题由来。本书所编家书标题皆由编者所加。统一为《×××致×××书》或《×××接×××书》，写出的信为《×××致×××书》，收到的信为《×××接×××书》。

四、文字校勘。因家书作者人生经历、语言习惯和文化程度差异，家书内容风格有所不同，在不影响读者阅读情况下，编者尽量保持家书原貌。对家书原文中的错字、别字用〔〕表示，缺字、漏字，编辑补充的内容用〈〉表示，污损、模糊不清和难以辨认的字用□表示。

五、地名称谓。因保密需要，攀枝花开发建设初期曾对外宣称为"渡口"。为保留时代印迹，在书信正文部分，我们仍保留"渡口"称谓。在作者简介和点评部分，为适应今天人们对攀枝花的印象，则一律改称"攀枝花"。

六、内容评述。为了引导读者深入了解三线建设历史，读懂家书背后故事，编者增加了内容评述，并着力探求与之相关的历史细节，还原当年三线人的精神风貌，再现三线人的家国情怀。

目 录

1. 李开祥致父母书

（1965年1月8日）

　　李开祥，1946年12月生，云南大姚人。1964年赴攀枝花参加三线建设，分配在110工地（后更名十号信箱附一号，市建一公司等），成为砖工、灰工，1986年到埃及参加援建工作。

1965 年的弄弄坪（攀钢厂址）

建设者正在进行修建

父母亲：

　　你们好！

　　我于 10 月 19 日抵达渡口，在 58 公里处〈后来的渡口商场〉居住，以前不清楚，来了之后才知道，这边的条件实在是很艰苦，什么都没有，漫山遍野都是茅草，一眼望不到头。

　　我们平时吃饭大多数都在外面，这边的风沙很大，很难吃一顿干净饭，灰尘才是家常便饭。当然，有时也在食堂吃，只是伙食不好，而且没有老家新鲜蔬菜，感到很难受。更困难的事是吃水的问题，山上没有井水，都要到金沙江边去打，来回一趟需要很长的时间。

　　父母亲，给你们说一下我们的工作情况，现在我们才刚来，什么都还没有，一切都只能从头开始，一点一点开始建设，每天的任务就是铲茅草、挖地基、搭帐篷，先要把房子建设起来。工期非常紧张，很少有休息的时间，不过跟同志们一起干活，还是很开心的，有空的时候大家也会打打扑克、挂胡子，大家是很开心的。

　　最后希望父母亲大人放心，不要担心我，我一切都好。

　　　　　　　　　　　　　儿：李开祥
　　　　　　　　　　　　　1965 年 1 月 8 日

这封信是李开祥 1964 年从云南大姚县来到攀枝花支援三线建设的第一封家书。

　　信件简单明了，短短三百字，朴实无华，没有动情的语言，也没有惊险的事迹，但信中却透露出一种平静与祥和，甚至还有一种苦中作乐的达观。

　　在信件中，李开祥谈到了渡口给予他的第一印象。"漫山遍野都是茅草，一眼望不到头。""更困难的事是吃水的问题，山上没有井水，都要到金沙江边去打，来回一趟需要很长的时间。"正如李开祥在信件中描述的一样，"现在我们才刚来，什么都还没有，一切都只能从头开始，一点一点开始建设"。

　　作为一名三线人，李开祥无疑是坚强的、乐观的，除了铲茅草、挖地基、搭帐篷、盖房子，他也会与同事们一起自娱自乐：打扑克、挂胡子，从最简单、最平常的日常生活中获得幸福和满足，自觉肩负起参与三线建设的历史重任。

2. 李佳彬致父母书

（1965 年 2 月 17 日）

　　李佳彬，1942 年 3 月生，云南永仁人。1964 年 12 月参加攀枝花三线建设，在攀枝花沙沟第一砖厂从事红砖生产工作，1979 年调到仁和老街，从事下水道养护、堡坎修理工作和城市绿化等工作。

红砖生产厂区

三线建设者砖厂工作场景

爸爸妈妈：

你们好！

到渡口这边已经一段时间了，还没来得及给你们写信，实在太忙了，我们每天最少要工作 8 小时，还有两个小时的义务劳动，有的时候甚至 24 小时都没得时间休息。每天都在第一砖厂生产红砖，渡口这边太热了，比我们老家至少要高很多度，砖厂就像一个火炉似的，但没得办法，为了响应毛主席的号召，保家卫国，大家都很积极。

我们现在住的是当地老乡家的草棚子，不过还好，住的是上下床，一间屋 6 个人，每个人都有一口木箱子，平时把衣服这些都放在里面，有个收捡，还有住在牛棚里的，条件就恼火了。吃的主要是运输公司通过几大车队从外面运来的大米、萝卜干、海带、粉条，生活还是习惯，就是没得蔬菜吃，很难受。有时候下班我们也会坐车到渡口去，那边人多热闹，就是有点远。

爸爸妈妈，快发工资了，等我领到工资就给你们寄回来，听他们说我们一年只有 12 天假期，关键是路不好走，回来一趟也不容易，所以希望请你们保重身体，只要抽得出来时间我一定回来看你们。

祝二老身体健康。

儿：李佳彬

1965 年 2 月 17 日

这封家书是李佳彬从老家云南永仁到攀枝花两个月后，1965 年 2 月 17 日写给父母亲的第一封信。

　　在信中，李佳彬向父母详细汇报了他到渡口衣、食、住、行和工作等各方面的具体情况。他写道，这里条件非常简陋，没有衣柜，只能通过木箱收捡；吃的是萝卜干、海带、粉条，严重缺乏蔬菜；住的是上下床，一间屋 6 个人，有的还只能住在牛棚里；即使想有点娱乐生活，也得坐很长时间的车才能到达。

　　特别是李佳彬在信中说，他们"每天最少要工作 8 小时，还有两个小时的义务劳动，有的时候甚至 24 小时都没得时间休息"。突出反映了当时渡口三线建设的紧张态势，由于赶工期、赶进度，"与帝国主义抢时间"，像李佳彬这样的建设者长期处于超负荷工作状态。但即便如此，他们始终热情高涨，为了党和国家，"为了响应毛主席的号召，保家卫国，大家都很积极"。这样一种简单、朴实的家国情怀和忘我工作的精神是值得今天我们每一个人学习的。

3. 杨桂兰致父母书

（1965 年 8 月 9 日）

杨桂兰，1948 年 5 月生，云南大姚人。1964 年，年仅 16 岁的她积极响应党的号召，支援攀枝花三线建设，被分到第一砖厂基建队，是攀枝花三线建设时期"六金花"之一。

"六金花"中的杨桂兰（左一）

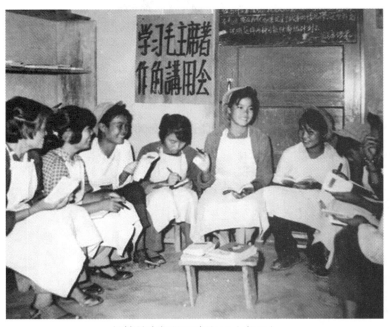

杨桂兰在组织工友学习（左五）

尊敬的爹、妈：

　　见信好。哥哥嫂嫂都还好吧？又有大半年没回过家了，硬是想你们得很，你们一定要保重身体。

　　上次爹来看我，一看住的席棚子，吃的干板菜，喝的泥巴水，每天一大早起来踩泥巴，光脚将黄泥巴、杂草和水搅拌，连续踩几天脚就开裂了，再下去踩的时候就流血，爹觉得太苦了，叫我回家去，买个缝纫机学裁缝，我不干，爹生气地走了，我看到爹生气也很难过。爹、妈，你们不要担心，我在渡口很好，现在渡口人可多了，全国各地的都有，这里是毛主席最牵挂的地方啊，我一定要亲手把渡口建起来。说出来你们可能都不信，我现在都能喝半斤酒了，等春节回家就能陪爹好好喝一下了，这都是码砖练出来的。刚来渡口的时候，我每天只能码 3000 块砖，还经常发生倒码。有一次刚码进砖窑的青砖垮了，我被埋在里面，人砸晕了，被工友拖出来后半个小时才清醒过来。我急哭了，这样下去不是办法，要影响大家进度的。虽然大家看我年纪小都不说我，但我就不服输，码不好我就多码，没人家聪明我就多练，白天练，晚上练，现在我每天能码 15000 块砖了！就是每天弯腰太多，腰可能出了毛病，痛得很。但是我们也找到止痛的方法，就是下工后，打碗酒，没有下酒菜，我们就唱歌，唱首歌喝口酒，你一口我一口就干了，腰也好像不痛了，第二天又能接着码砖。

　　四月的时候，市里急需建 20 门轮窑，我们小组的工作任务是负责码好砖胚。但为了加快建窑速度，我们小组全体决定，不等砖冷却，直接进窑出砖，窑门打开，火焰喷出，头发都能点得着。进去一趟满身是灰，只有两颗眼珠子在打转，谁也不认识谁了。搬砖时手被砸破了，也没顾得上包扎，等到搬完才发现血流在手套里凝固了，手套都取不下来了。但我们都不怕，窑内温度再高，也没有我们建设渡口的热情高，我们早点把渡口建设好，毛主席他老人家就能睡好觉了。一想到这个，我们就都很开心，不痛也不怕了。

　　对了，有个好消息要告诉你们，我现在是渡口一砖厂半成品车间改码小组的组长了，七月一日那天还参加了渡口先代会议，被评为"知难而上的好姑娘"。这不是我个人的荣誉，是属于我们整个小组的集体荣誉，大家都很开心，希望你们知道后也会开心。

　　祝爹、妈身体健康！哥、嫂一切都好！

女儿：桂兰

1965 年 8 月 9 日

这封家书是 1965 年杨桂兰工作之余在攀枝花写给父母亲的一封信。

　　在写这封信前不久,杨桂兰的父亲曾到攀枝花看望女儿,看到环境如此艰苦,出于父母对子女的疼爱,希望女儿回家另谋出路,被杨桂兰断然拒绝,为了缓解父母对自己的担心与牵挂,杨桂兰在信中对父母亲进行了宽慰。

　　杨桂兰在信中写道:"爹、妈,你们不要担心,我在渡口很好,现在渡口人可多了,全国各地的都有,这里是毛主席最牵挂的地方啊,我一定要亲手把渡口建起来。"她特意从国家大局出发,说明参加攀枝花三线建设的重要性,以及自己参加三线建设的必要性,从而建立父母同意自己参加三线建设的信心。

　　她聪明、好学、不服输,从最初一天只能码 3000 块砖,到后来一天码 15000 块砖,成功使自己从一个柔弱无力的小姑娘蜕变成为"巾帼不让须眉"的三线英雄。1965 年 7 月,杨桂兰被评为先进生产者,光荣地出席了全市先进生产者代表大会,被评为"知难而上的好姑娘",成为全市五十名标兵之一。同年11月，她被评为"学习毛主席著作积极分子"，出席了中央建筑工程部召开的学习毛主席著作积极分子会议。1966年2月，杨桂兰出席五好职工代表大会，被市委和建设指挥部评为"六金花"之一。1966年，杨桂兰被来攀枝花视察工作的国务院副总理贺龙、全国人大常委会副委员长彭真亲切接见，成为攀枝花三线建设一面靓丽的旗帜。

如今，五十六年过去了，杨桂兰也从最初那个朝气蓬勃的创业青年变成了安享晚年的退休老人。在享受退休生活的同时，她努力发挥余热，积极参加政府组织的各项纪念活动，以"当年人讲当年事"的方式，带领大家追忆三线建设那段波澜壮阔的激情岁月，以实际行动彰显了"离岗不离党，退休不褪色"的党员本色。

4. 李太真致母亲书

（1966 年 2 月 15 日）

　　李太真，1945 年 4 月生，四川邻水人。1965 年响应三线建设号召来攀枝花，长期在一线当工人，后期参与相关管理工作。

帐篷搭在山窝窝

建设者们风餐露宿

尊敬的母亲，您老人家好：

愚儿离开您老人家一月有余，因工作忙，时间紧，没有及时给您老人家回信告知，请谅解儿子吧！

母亲，儿子从小到参加工作都没有离开过您，都是在您的呵护下生活、成长，愚儿突然离开您，很是不习惯，什么都是自己去做，时时都想着您老人家，连做梦都在您身旁。

母亲，我把这段离开您的经历简单地告知您，也向您老人家分享我第一次外出的所见所闻。我人生第一次因参加工作梦寐以求地坐上了公共汽车、火车，见到了我国最大的河——长江，那长江上的轮船穿梭往来，那汽笛的鸣叫声响彻重庆两岸。我也目睹了重庆、成都大城市宏伟建筑及宽敞的马路，那白天车水马龙、夜晚各种颜色的灯光闪烁，使我心旷神怡，忘记了旅途的劳顿。

母亲，我们从成都坐敞篷车，经雅安、石棉、西昌、会理，一路高山峡谷，大江大河五天才到达了渡口市。但渡口市只是一个名称，与重庆、成都市根本不是一回事，还不如我们的公社所在地。这里全是荒草、树木、乱石，沟壑，先到达的人们建起了油毛毡、席棚房子。

到此，我们以为到达了目的地，带队的领导讲，这里不是我们的目的地。我们单位是森林工业局的十二附七号信箱，是采伐木材的。由于目的地没有公路，只能步行，加之又是新建单位，每人都必须负责〈携带〉一样生活〈工具或〉建材，如油毛毡、席子、炊具等。虽然我们生长在农村，都是干体力活的，但要肩扛几十斤的东西翻山越岭几十里路，又是羊肠小道，叫我这农村小伙都吃不消，那城里来的人更是累得要命，有的哭着不走，要回去等。

　　到目的地后，什么都没有，还要砍一些树枝来搭建窝棚，地上铺一些草被、树叶等，挤在一起睡在那潮湿的地上。一觉醒来头上、被盖上都是露珠。煮饭用三块石头支口锅，菜是粉条、海带、干萝卜丝等。

　　我们生活虽然苦，但一想到"这里是毛主席他老人家最关心的地方，建设不好，他老人家睡不好觉"，我们就热血沸腾，什么苦、累、思念都抛到在脑后，一心努力工作。

　　母亲，您老人家辛辛苦苦抚养我长大成人，希望老了有依靠，我现在不能在您身旁照顾您和分担您的辛苦劳作，我把这第一个月发的基本工资28元全部给您老人家寄回，也享受一下有人第一次给您寄钱，请您老人家过年时一定要买一套新衣服照一张相片寄给我看一下行吗？并请您不要像原来那样节约，穿好一点，吃好一点，身体健康，儿子才放心。因现在工作忙，寄一回信要走几十里山路很不方便，我不一定每月给您老人家写信问候，但请您老人家一定要保重尊体，我到了有探亲假的时候就回来看望您老人家。

　　此致
敬礼！
　　祝您老人家及家人尊体安康

　　　　　　　　　　　　二儿：李太真
　　　　　　　　　　　　1966年2月15日

这是李太真1965年抵达攀枝花，支援三线建设写给母亲的一封信。

　　那一年，年轻的李太真响应三线建设号召，第一次离开农村和母亲，坐上了梦寐以求的汽车、火车，看到了听闻已久的祖国第一大河流——长江，见识了重庆、成都等大城市的繁华、热闹。在他还沉浸在喜悦中的时候，便到达了时称渡口的攀枝花，然而，满目所见却是荒山、荒草、乱石、沟壑。

　　由于是新建的单位，一切需要自力更生，从零开始，每人除了个人物品外，还需负重几十斤油毛毡、席子、炊具等公用物品翻山越岭，徒步前往。晚上几个人挤在自建的窝棚里，地是潮湿的，醒来头上、被子上都是露水。那种"三块石头支口锅""帐篷搭在山窝窝"的艰苦读来仿佛就在眼前。那种由喜悦到失落、由失落到接受现实、由接受现实又渐至热血沸腾的心情的起落，至今仿佛仍可触摸。

　　在这封信里，面对攀枝花开发建设初期难以想象的艰难困苦，李太真没有自怨自艾，没有小我的软弱退缩，我们看到的是他坚定的革命乐观主义精神，是日日夜夜对千里之外母亲的深深思念，他将对国家的爱同对母亲的爱合而为一，让我们真切地看到了一位赤子的深情。

5. 雷永母亲致儿书

（1966 年 3 月 2 日）

　　雷永，1945 年 5 月生，四川渠县人。1965 年，雷永随三线建设大军开赴攀枝花，在电杆厂当锅炉工。1967 年，为确保成昆铁路 1970 年通车，雷永响应号召，与 50 名同志一起参加渡平线大会战。会战结束后，雷永再次回到锅炉房，做一名锅炉工。

雷永与工友工作之余的片刻休息

雷永在学习

儿：

　　你离开家已经半年多了，一直没你的消息，昨天给你发了电报，同样没见回音，不是说你们那个什么信箱可以收到信吗？你父亲在腊月十一日走了，他的病很严重，他是带着对你的牵挂依依不舍离开这个世界的。

　　一个多月一直没你的音信，也不知你在渡口那个地方习惯不？工作累不累？要是实在不习惯你就回来吧！家里的农活都是我和你妹妹两个人干，家里的老房子斜得厉害，可能还要请人帮忙重新夯实一下地基，你妹妹人小没力气，也帮不了什么大忙。春耕就要开始了，点胡豆、撒豌豆样样都要赶在春耕之前，否则荒了农事今年的收成指定不好，有你在该多好啊！

　　记得你走的时候，路旁还盛开着小黄花，而现在两旁的小柿子树已经枯萎了，你妹妹经常念叨你以前会在小河沟抓鱼逮虾给她吃，你妹妹也盼望你回来帮家里一下。

　　昨天我去赶场遇见了公社会计老曲，向他打听你的情况，他说你们这次去那个地方叫什么渡口特区，又说是要什么好人好马才能去的。我一听人马去的地方一定不是什么好地方，我就找他要了一个地址打算给你写信叫你回来。

　　他说："那个地方需要保密，没有地址，只有一个信箱，叫二十二号信箱。"不是只有一个信箱吗？

怎么又钻出来二十二个信箱呢？我更加不放心，就请人代笔给你写了这封信，也不知你那个信箱能不能收到这封信，如收到回信一封。

母亲

1966 年 3 月 2 日

这封家书是雷永母亲在雷永父亲去世后，于1966年3月2日请人代笔写给儿子的一封信。

1965年，雷永听说三线建设很重要，一天建不好，毛主席他老人家一天睡不好觉，年仅20岁的他心潮澎湃，毅然加入三线建设队伍大军，浩浩荡荡奔赴攀枝花。到攀枝花后雷永被分配到矿务局建材总厂当了一名锅炉工，为了减少用煤量，节约成本，他在实践中进行了大量的摸索，每年为国家节约原煤200余吨。1967年，为了确保成昆铁路1970年通车，雷永响应号召，参加了渡平线大会战，他和队友们吃住在海拔3000米的山上，铁塔架到哪里，帐篷便搭到哪里，每天挖塔基、挥铁锤、打钢钎，因工作勤奋，雷永被称作"飞毛腿"，还被大会战指挥部评为"先进生产者"。

然而，忠孝自古不能两全，在父亲去世时，雷永正奋战在攀枝花建设一线，没能见到父亲最后一面，给他留下了终生遗憾。为此，雷永只能将对父亲的思念化为工作热情，将青春和热血投入到伟大的三线建设中，用毕生的信念践行一名三线人的担当与忠诚。

6. 黄之金致父母书
(1966 年 4 月 16 日)

　　黄之金，1945 年 8 月生，四川巴中人。1965 年 12 月到攀枝花六号信箱，从事输变电线路架设工作，参加了 501 电厂至平地 60 多公里高压线和成昆铁路施工用电架设等项目。渡平线施工完成后，回炳草岗从事低压线路架设和检修任务，1968 年后开始在政工组从事宣传和其他业务。

三线建设者开赴攀枝花

运输车队横渡铁索桥

亲爱的爸妈：

　　你们好！

　　离开家乡已两月有余，想必你们非常想知道我这边的情况，现将一切都告诉你们，以免挂怀！

　　离开巴中后在大竹县集结三天，后辗转成都火车站附近暂住，等候车辆。成都到渡口要坐五天的车程，大篷货车，共有五辆车一路同行。途径荥经、汉源、石棉、西昌、会理，最后到达渡口境内，在三堆子横渡雅砻江，木质复船，一次仅载二辆车，五辆车过完需要两小时之久。其后就要横渡金沙江，渡口唯一的200多米长狭窄的铁索桥，过铁索桥更是缓缓而行，一次一辆车，过完到我们的住地已近黄昏。住地是一个干打垒土墙房，甚是简陋，紧靠金沙江，附近是柴油机发电的平打垒房，还有我们系统另一单位六号信箱附四号信箱，铁索桥附近就是上海工程处承建的501发电厂。

　　在住地，我们200多名新工人，首先的任务就是学习规章制度、形势教育、保密制度、注意事项、安规考试等，这个时候才知道渡口特区是搞钢铁的，出于战略考虑和国际形势需要，毛主席亲自批准了渡口大会战。

　　在渡口，举目远眺，到处都是热火朝天的建设场景，几十万的建设大军来自五湖四海，奋战在金沙江两岸，开展"三通一平"（路通、水通、电通）和企业厂房基地平整。这样的大型机械施工，是我有生以来第一次目睹，能有幸亲临其境参加这样的建设让我感到无比光荣和自豪。工地上，到处都是鲜红的标语牌："百年大计、质量第一""建设要快，但不要潦草""备战备荒为人民，好人好马上三线"，这些豪言壮语，让广大建设者激情满怀、斗志昂扬，金沙江两岸山上山下红旗飘扬，一派生龙活虎、敢与日月比高低的建设热潮。

渡口地处四川南边与云南西北的交接处，雅砻江金沙江在此交汇，此地山峰耸立、峡谷绝壁连绵不绝。有一个叫弄弄坪的地方，方圆数十公顷人烟稀少、杂草丛生，仅有三户农家与一棵木棉树，常有野狼、怪兽出没于此，据说曾有小鸡、羊羔被野狼叼食。

唯一一条省级公路贯穿其间，与其说是省道，不如说是单行道确切一些，两车相遇，会车都很困难，路面也是碎石泥土路，且狭窄弯道多。工地上的土路尘土飞扬，汽车行驶扬起泥土的飞沙，如爆破后的尘雾，连车都看不见。金沙江的水是浑浊的泥汤水，需要用明矾沉淀方能使用，一盆水早洗脸、午擦身、晚洗脚，如油之贵。更有"天做铺盖，地做床""白天杠杠压、晚上压杠杠""三块石头架口锅，帐篷搭在山窝窝"之说。野外作业，中午是不能回到住地的，只能在外面就地休息，席地而坐。木棉树下，茅草丛中，灌木丛中，有阴凉的地方就是好地方。

渡口山上有一种草甚是厉害，叫火箭草，它的果实是 1 厘米长的尖锐细长型的一种茅刺，还带有黏性，只要人接触到它，就会迅速地扎到你，抖都抖不掉的，唯一解决的办法，只有把衣服脱下来，就像捉虱子一样，一颗一颗拔出来。

尽管生活环境是如此艰苦、枯燥，但是这是毛主席最关心的地方，为了让毛主席老人家睡好觉，大家都拼命地努力，誓保成昆铁路早日通车，渡口早日出铁，誓与帝国主义、修正主义争分夺秒，争时间抢速度，赶英超美的号角回荡在金沙江峡谷的山野中。

爸爸妈妈，最近我将奔赴施工工地，话不长叙，下次再谈！

祝二老安康！

儿：黄之金

1966 年 4 月 16 日

这封家书是黄之金 1966 年初到攀枝花，向父母亲汇报他到攀枝花工作、生活情况的信。

　　与其他家书略有不同，这封信显得格外详细。在信中，黄之金向父母汇报攀枝花的所见所闻，全面而丰富，很多细节都真实再现了当年攀枝花建设的历史画面。

　　首先，黄之金向父母谈到了他从巴中老家到攀枝花的行程情况。从大竹到成都，再到攀枝花，一路辗转起伏，历经火车、货车、木质趸船等交通工具，这是今天习惯了高速出行的我们实在难以想象的。

　　其次，在黄之金笔下的六号信箱，则是电力指挥部的代称，成立于1965年3月，主要承担攀枝花工业基地的渡口、河门口、新庄三个火电厂的勘测、设计、施工、机组安装、输变电建设等任务，这也是他的目的地所在，作为一名建设工人，黄之金为攀枝花的电力事业奉献了自己一生的青春与年华。

　　信中的"天做铺盖，地做床""白天杠杠压、晚上压杠杠""三块石头架口锅，帐篷搭在山窝窝"等，则是当年攀枝花最具有标签意义的标语和口号，生动形象地再现了当年攀枝花的建设情景。

　　特别让我们动容的是他们常年劳作，不眠不休，克服各种恶劣自然环境的奋斗精神，"野外作业，中午是不能回到住地的，只能在外面就地休息，席地而坐。木棉树下，茅草丛中，灌木丛中，有阴凉的地方就是好地方"。可见，当年的三线人的生活是何其艰难。他们没有攀比，没有奢求，只有无限的忠诚和无私的奉献，也正是因为他们的艰苦奋斗，才造就今天我们广为传颂的"三线精神"。

7. 黄之金致父母书

（1966年6月18日）

　　黄之金，1945年8月生，四川巴中人。1965年12月到攀枝花六号信箱，从事输变电线路架设工作，参加了501电厂至平地60多公里高压线和成昆铁路施工用电架设等项目。渡平线施工完成后，回炳草岗从事低压线路架设和检修任务，1968年后开始在政工组从事宣传和其他业务。

建设者往工地搬运物资

建设者在工地开采石料

爸爸妈妈：

　　你们好！很想念你们！

　　我到施工连队已数月，我们的连队驻地距离渡口原住地有80多公里，是原云南省永仁县大龙潭乡，一个叫凹糯河的小村庄。由于人多，需要较宽敞一点的地方，我们就住在原来生产队养牛、养羊的圈舍，经过打扫清理总算有一个落脚的地方。我们每个人都发了行军床、蚊帐，克服了蚊子叮咬的困境。

　　我们的施工工地还需要步行一个小时的山路，施工任务是立电杆、组装铁塔，架设一条输电线。挖铁塔基坑，先要用经纬器〔较〕正位置，划出标记。铁塔材料，沙、碎石、水泥则是通过会理到仁和的国道公路，在大龙潭地段一个叫空卡的地方，请当地民工挖一条进大龙潭乡裕民街的土路便道运进来的，然后再由我们施工人员，肩挑背扛，运送到沿线各个基坑。

　　施工任务我们是主力军，后勤保障也是我们一帮愣头青所承担，我们都是血气方刚的热血青年，白天超强度工作，晚上再到离住地约4公里多的裕民街搬运大米、粉条、海带、干萝卜丝、豆瓣酱，还有一部分少量的鲜菜（有时也有腊肉、香肠）。大家的积极性很高，特别是劳动力强的兄弟们，好像有永远也使不完的劲，白天扛水泥上山，有的一人扛一包(100斤)，还有的竟能扛两包。除此之外，每天早上，还要提前起床打扫卫生，帮助别人洗工作服，而这些都是在没有任何荣誉和奖励的激励下表现出来的。

6月初的一个夜晚，大家白天工作十分疲惫，就上床睡觉了，凹糯河生产队姚队长来到住地，找到赵指导员、崔连长和张排长，告诉住地后面山上发生山火，形势十分危急。几位领导听到后不假思索，立即吹起了起床哨，我们立马起床，准备灭火工具，带上水壶，灌满开水，在几位熟悉地形的村民的带领下，100多人便浩浩荡荡地出发了。

走了近50分钟，终于抵达火情地点，大家手持松枝树丫，边走边打，翻山越岭，一夜折腾下来，不知不觉前行了近5公里。回到驻地，天已麻麻亮，大家疲惫得就像刚从战场下来的一样，饥肠辘辘，满脸花猫，头发凌乱得像乞丐，相互笑而不答，匆忙地洗漱一下，吃罢早餐，灌好开水，又拿着工具，迎着朝阳奔赴工地。

爸妈，我们是60年代的热血青年，在雷锋精神的鼓舞下，思想觉悟是崇高的，思想都比较单纯，没有私心杂念，响应党的号召参加祖国的三线建设让我们感到莫大的光荣和自豪，虽然工作艰苦，但是，为建设伟大的祖国，我们都是心甘情愿的，尽管离家虽远，但我始终相信一句话——"好男儿志在四方"！

愿二老保重身体，永远健康！

儿：黄之金

1966年6月18日

这封家书是黄之金1966年写给父母的一封汇报信。

　　如同前一封信一样，他对父母总有说不完的话，希望与父母分享他工作中的所思所想与所见所闻，可见他与父母亲的感情是十分融洽的。在信中，黄之金讲述了他到攀枝花几个月后生活上的变化，以及克服各种恶劣环境对生活的影响，将自己全身心投入到渡口三线建设上来的具体过程。

　　轰轰烈烈的三线建设，让黄之金看到了一群与以往不一样的战斗群体，"大家的积极性很高，特别是劳动力强的兄弟们，好像有永远也使不完的劲，白天抗水泥上山，有的一人扛一包（100斤），还有的竟能扛两包。除此之外，每天早上，还要提前起床打扫卫生，帮助别人洗工作服，而这些都是在没有任何荣誉和奖励的激励下表现出来的"，黄之金感叹战友们的努力与勤奋，无私与奉献，也自觉地融入这一崇高的集体生活中来。

　　为此，黄之金还描述了一次参与扑灭山火的事件，生动再现了三线建设者无私无畏的精神面貌。由于渡口天气炎热、降雨量少，时有山火发生，在当时还没有专业消防人员的情况下，建设者不仅要参与日常建设工作，还要自觉肩负起处理与工作不相关联的突发事件。在这次山火事件中，尽管大家都很疲惫，但面对新的一天，依然没有忘记自己的任务，迎着朝阳奔赴工地，充分展现了当年三线建设者舍生忘死的奋斗精神。

8. 刘霞玲致父母书
（1966 年 8 月 5 日）

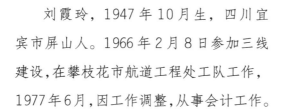

　　刘霞玲，1947 年 10 月生，四川宜宾市屏山人。1966 年 2 月 8 日参加三线建设，在攀枝花市航道工程处工队工作，1977 年 6 月，因工作调整，从事会计工作。

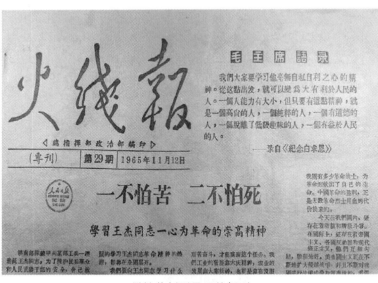

攀枝花创刊最早的报刊

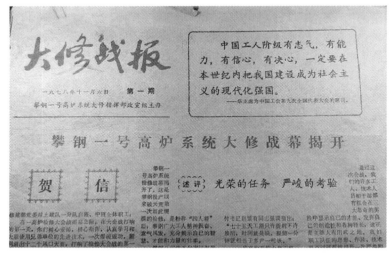

攀钢内部报刊之一

亲爱的爸爸妈妈：

　　你们好！

　　经过几天的颠簸，二月十二号我们到了渡口，被分在渡口航道工作处，一直没有时间给你们写信。五月份老鸭滩工地完工后，我们二队两百多人又被安排到弄弄坪修排洪沟了。六月份，洪水很大，但为了响应毛主席"攀枝花建设要快，但不要潦草"的口号，大家修得都很认真，因为只有修好了排洪沟，才能开始修建钢铁厂。

　　后来，技术员又安排我去学习放炮，开始我确实很害怕，不想去干这个工作。但《火线报》上说，"攀枝花建设不好，毛主席睡不着觉"，我就还是硬着头皮去学了，现在已经成为一名熟练的女炮工。就像《渡口工人是英雄汉》里说的一样："渡口工人是英雄汉，开山劈岭不怕难，立下愚公志，困难只等闲，一座崭新的工业城，就要出现在祖国的大西南。"爸爸妈妈，请你们放心，我会时刻注意安全的。

041

　　另外，我再告诉你们两件事。一是领导现在安排我每天中午在食堂为队上的同事读报纸，我非常高兴，因为不仅可以为大家服务，而且我也长了知识。周末有空我还去厨房帮师傅洗菜，打扫卫生，他们都很喜欢我。另一件事就是，我光荣地参加了共产主义青年团，请你们放心，我一定听毛主席的话，努力学习毛泽东思想，给弟弟妹妹们做个好榜样。

　　祝全家身体健康！

女儿：霞玲

1966 年 8 月 5 日

这封家书是刘霞玲 1966 年初到渡口，写给父母亲的一封信。

　　她响应三线建设号召来到攀枝花后，先参与老鸭滩工地建设，又到弄弄坪修排洪沟，再跟着技术员学习放炮，成为了一名女炮工，最后又改行做了会计。面对不断变换的工作，她不是没有情绪，她畏难过，也许还后悔过，但她始终把自己当作革命大厦的一块"砖"，哪里需要就往哪里搬，而且每接受一份新工作，她都以昂然的心态认真学习，迅速适应工作需要，努力成为行家里手。

　　与在那个年代成千上万的建设者一样，在刘霞玲看来，工作不论好坏，个人不论得失，只要祖国需要，一切付出都是值得和心甘情愿的，即使给工友们读报也是一种付出和乐趣。在她（他）们眼中，充满的是看着"一座崭新的工业城，就要出现在祖国的大西南"的喜悦。在他们身上，极大彰显了三线建设年代个人服从组织、工作服从需要、一切以攀枝花开发建设为重的集体主义精神。

9. 梁仕恒致父母书

（1966年9月10日）

梁仕恒，1946年11月生，重庆市人，1965年参军后到成昆铁路云南段参与修建工作。1966年至1969年参与成昆铁路攀枝花米易段修建任务。1970年至1972年为三线建设者搭建席棚子。1972年参与攀钢耐火厂建设，后在耐火厂工作至退休。

职工生活小区

职工的席棚宿舍

父亲、母亲：

　　见字如面。

　　我来米易已经几个月，工作生活逐渐归于正〔规〕，请你们放心。整个部队当时是用卡车拉过来，路很难走，颠得很，所以让我们来这边修铁路。等成昆线建成，交通好了，我就方便回来看你们了。

　　父母亲，这边生活条件十分艰苦，住的是席棚子，关上门热得透不过气，开着门蚊子又太多，打也打不完。不过有棚子在，好歹能遮风避雨。只是没有饮用水，挨着江的只能去金沙江里背，金沙江的水是〔混〕的，要放一晚上才能喝，不然喝到嘴里都是沙子。我们还好，离安宁河不远，住的这边有眼泉水，清凉可口，好喝多了，有时候石头底下还能摸到螃蟹。最有意思的是，安宁河的石头缝里有一种特殊的虫子，叫爬沙虫，当地人都抓来吃，我也尝了尝，跟虾子一样，剥了壳里边都是肉，正好解决我们缺少肉吃的问题。

　　现在我的工作主要是打山洞，很费衣服，一两天时间，衣服就坏了。虽然感觉很累，但好在大家热情都很高，一起干活也有劲。好多战友肩膀都磨出了血，手上都磨起了茧。听别的战友说我们这段铁路还好，秦岭一带的最难修，牺牲了好多战友。不过你们不用担心，我会保护好自己的。

　　父母亲，你们也要保重身体，等铁路修好了，我就回来看你们。

儿子：梁仕恒

1966 年 9 月 10 日

这封家书是梁仕恒从云南"转战"到攀枝花后，1966年9月10日写给父母亲的一封信。

　　三线建设初期，攀枝花的建设条件十分艰苦："三块石头架口锅，帐篷搭在山窝窝。天做罗帐地当床，金沙江是大澡堂。"建设者们不仅要赶工期、赶进度，还要克服恶劣的自然环境。可即便如此，他们仍然战天斗地、奋发图强。

　　梁仕恒甚至写道："最有意思的是，安宁河的石头缝里有一种特殊的虫子，叫爬沙虫，当地人都抓来吃，我也尝了尝，跟虾子一样，剥了壳里边都是肉，正好解决我们缺少肉吃的问题。"一则看似玩笑的生活趣事，在今天看来却有一种说不出的酸楚，因为这毕竟是一种特殊年代无可奈何下的权宜之计，是建设者们克服生活苦难，跳舞于荆棘之上的达观，正是因为他们如此乐观地面对一切，三线建设才让人刻骨铭心、难以忘怀。

10. 程积迪致侄子书

（1967 年 2 月 14 日）

　　程积迪，1946 年 8 月生，重庆市人。1965 年 5 月从重庆财贸系统支援攀枝花，先后在十九冶、攀钢工作。1985 年 10 月，从十九冶调到攀钢生活服务公司后，积极从事新闻写作，1991 年成为《攀钢日报》通讯员。

祖国各地建设者奔赴攀枝花

攀枝花会战誓师大会

大毛侄儿：

　　你好！

　　今天给你写信，想和你谈谈我来渡口的情况。我是1965年5月10日，从重庆解放碑参加渡口三线建设的。我们这批人预计有500人左右。5月8日，我打电话给你大爷、大婆，于是，你大爷从江津赶到重庆。5月10日晚上，他送我到重庆菜园坝火车站，他那慈祥的面容对我充满着无限的希望，眼睛里流着泪水对我说："到渡口要听党的话，好好工作，为国家多做贡献。"你大爷看见我乘坐重庆至北京10次特快开车离站后，他才离开站台出站回招待所。5月11日早上我们到成都，出站后，四川省委财贸政治部，公交政治部派的大客车把我们从成都火车站接到锦江宾馆。5月12日起，每天2台大客车从锦江宾馆运送支援人员到渡口，行李用解放牌汽车运送。我是5月13日第二批离开锦江宾馆东7楼的。驾驶员开着大客车一路艰辛行程。途径雅安、石棉、西昌、会理，第五天从会理鱼鲊过金沙江，大客、人在渡船上，船工用手拉动固定的钢丝绳，船到金沙江对岸拉鲊，到仁和云南汽车站下车，去财贸系十一号信箱附一号接待站。

　　来到渡口，全市建设者们认真学习毛主席著作，深刻领会党中央关于建设攀枝花的重大政治意义。大家以"六金花""八闯将"为榜样，学习他们的先进事迹，认真做好自己的本职工作。

　　在生活上，这里条件十分艰苦，喝的是水管放出来的金沙江泥巴水；吃的只有各种腌菜，吃不到新鲜蔬菜和水果，只有少数一点生菜；住的是油毛毡、茅草房、干打垒、水泥板和竹席房子。男女洗澡用竹席搭一个棚，一边是男的洗，一边是女的洗，各自提桶热水洗个简易澡。我们两三块石头棚就起灶做饭，而且交通条件也差，干活都是来回步行走路。弄弄坪地区，茅草1米至2米深，狼很多，我们随时都提心吊胆。机器设备都是人力抬上山安装，没有通电，晚上用蜡烛照明，蚊子咬得睡不着觉。

虽然在这种艰苦的环境，但大家都从来没叫过苦，我们时常背毛主席的老三篇：《为人民服务》《愚公移山》《纪念白求恩》，身在群山中，放眼全世界，为了祖国富强，为了人类解放，红在渡口，专在渡口，誓做渡口的革命人，建设渡口钢铁基地。毛主席说，"一个粮食，一个钢铁，有了这两个东西，什么事情都好办，攀枝花的建设，是同帝国主义抢时间，争速度的问题"。毛主席的指示，随时在鼓舞着我们，我们有建设好渡口的信心和决心。国家交通部还派出北京、辽宁、山东、河南、安徽五大汽车队支援渡口。大家整天都是奋斗着的。

大毛，你现在也逐渐长大了，今天给你写信，我很想你能明白，建设祖国非常不容易，你一定好好学习，如果这边还要建设者，我希望以后你也能来我这里，到时我一定亲自来接你。

就说这些吧，你好好学习，记得常去看看你大爷和大婆。

叔：程积迪

1967 年 2 月 14 日

这封家书是程积迪1967年2月14日在渡口写给自己的侄儿，讲述三线建设情况，鼓励侄儿将来到渡口从事三线建设的信。

　　在"备战备荒为人民""好人好马上三线"的时代号召下，大批工人、干部、知识分子、军人，跋山涉水不畏艰辛来到金沙江畔，投入到渡口的三线建设中，程积迪就是这支队伍中的一员。尽管住的是茅草房、油毛毡房、竹席房、"干打垒"，喝的是泥巴水，吃的是老腌菜，交通靠步行，机器设备靠人抬，既没电又缺水……但在极端艰苦的环境里，程积迪和他的伙伴们不言苦不言累，以毛主席的老三篇：《为人民服务》《愚公移山》《纪念白求恩》激励自己，"身在群山中，放眼全世界"，满怀激情、坚定信心，为祖国建设无私奋斗，奉献青春。程积迪不仅把自己的青春奉献给了三线建设，还鼓励自己的儿辈学成以后继续来到攀枝花，为三线建设继续奋斗——这就是老一辈三线人"献了青春献终身，献了终身献子孙"的无私情怀！

11. 胡隆兴致父母书
（1968 年 6 月 19 日）

　　胡隆兴，1947 年 12 月生，四川仪陇人。1966 年支援攀枝花三线建设，在十九冶第四公司三营工作，主攻破碎系统，1967 年调入该公司民兵排维护公司安全秩序，同年 10 月进入毛泽东思想宣传队，参加文艺宣传，1969 年参与选矿系统攻坚战。1970 年调入攀钢（当时的东钢），1970 年 6 月分配到攀钢修建公司（当时的检修部）三营修建席棚，迎接鞍钢代培职工回攀枝花。1972 年到修建公司搞维修，1976 年进入该公司职工大学学习，1982 年调入修建公司科技科工作，负责土建专业质量管理。

工作中的胡隆兴（二排左三）

建设者在金沙江转运木料

敬爱的祖母及父母大人：

　　你们好！

　　你们的来信已阅，收到很久了，因为工作太忙，没有及时给你们回信，敬请你们原谅。这段时间，由于主体工程攻关，天天加班，今天晚上终于抽出一点时间，才能跟你们聊一些事情。

　　马上就要开始秋收了，孩儿也帮不上你们什么忙，只有辛苦二老了！你们一定要以身体为重，特别是祖母年岁已高，凡事要多让着她点儿，重了的活儿，就别让她去干了，让老人家愉快地安度晚年。

　　关于祖母在信中提到我的个人问题，我觉得我还年轻，现在还不用考虑这些。渡口是毛主席最关心的地方，早点建好三线基地，才能让毛主席他老人家睡好觉，我也想为三线建设和国家添砖加瓦，做点贡献。虽然工作的确很艰苦，但是为了祖国建设，我会保护好自己的。

　　记得大上个礼拜，单位叫我们去拉木料，还要去金沙江里去抓原木，我站在一个很大的木排上，在抓木料时不小心掉进水里去了，水很大，把我冲到木排下面去了，我急忙抓住木排上的抓钉，慢慢地找到方向，后来用手摸到了同事的脚，最终爬了出来。现在平安无事，一切安好。

　　另外，父亲谈到家里开支很大，上月邮回的10元钱已用完了，你们放心，我开工资后就马上给你们邮回来，你们是知道的，我每月工资 20 多元钱，除了每月给家里邮 10 元，我的生活费 10 元左右，剩余的几块钱我都是存着的，不会乱用的，你们只要安排好家里的事情我就放心了。

　　祖母及父母大人，今年过年可能不能回来陪你们了，因为工作太忙，请不到假，希望你们多多保重身体，过一个愉快的春节。夜晚了，就不多说了，下次再写信与你们详谈。

　　祝全家安康！

胡隆兴

1968 年 6 月 19 日

这封家书是胡隆兴 1968 年 6 月 19 日写给祖母和父母的一封回信。

　　在信中，胡隆兴向祖母和父母亲汇报了自己的生活情况，对自己因工作紧张，无暇为父母亲分忧而深感愧疚。然而，作为一名建设者，胡隆兴无疑又是十分自豪的，因为如同千百万的三线人一样，在他的心里，有为祖国、为人民、为毛主席分忧解难的责任与担当。也正是这份责任与担当，使得他敢于面对各种困难和挑战。

　　胡隆兴在信中谈及的"金沙江遇险"，便生动刻画了当年他在攀枝花参与三线建设的艰苦经历。他说："记得大上个礼拜，单位叫我们去拉木料，还要去金沙江里去抓圆木，我站在一个很大的木排上，在抓木料时不小心掉进水里去了，水很大，把我冲到木排下面去了，我急忙抓住木排上的抓钉，慢慢地找到方向，后来用手摸到了同事的脚，最终爬了出来。"胡隆兴的这次遇险，可谓惊险万分，若不是自己坚持和同事及时援救，便很可能葬身江底。但为了祖国强盛、人民幸福，也为了让毛主席睡好觉，他们勇于奉献、敢于牺牲，并不计较个人得失，谈到个人的安危得失如同在说一件别人的事情。

事实上，这一经历背后真实背景远比胡隆兴描述的要凶险得多。三线建设之初，为保证西南三线建设木材供应，1965年专门成立了金沙江木材水运局（原渡口十二附九号信箱），但金沙江浪急风高，在攀枝花，素有"一怕麻风二怕狼，三怕横渡金沙江"之说，因横渡金沙江牺牲的建设者大有人在，胡隆兴能够死里逃生，还能镇定自若，足见他良好的心理素质和过硬的工作本领。

今天的胡师傅过着惬意的退休生活，每天唱唱歌，跳跳舞，含饴弄孙，享受着战斗岁月换来的幸福晚年，然而，回望当年，这种对比又是何其鲜明和令人感慨。

12. 曾庆强致母亲书
(1968 年 11 月 6 日)

　　曾庆强，1939 年 4 月生，湖南新化人。1959 年 12 月从湖南冶金学院中专部毕业，分配到辽宁鞍钢集团，在鞍钢设计院工作，1968 年 10 月调至攀枝花市三十四号信箱供应处工作，1973年攀钢攀矿分离后，调入攀钢矿业物资处，1999 年退休。

运输队向攀枝花运送建材

运输队在搬运各类物资

妈妈：

您近来身体好吗？上月给您邮去的 20 元钱可能花得差不多了吧？这月的生活费因工作调动，到前天才邮寄出，请您查收。

放弃鞍钢优惠的工作和生活，来到渡口参加三线建设是我自愿申请的，这里是毛主席他老人家最关心的地方，而我们又是第一批从鞍钢调来参加生产建设的技术人员，为此我们感到无比自豪。

这里原本是一片不毛之地，是个荒无人烟的地方，既无公路又无铁路，所以各方面条件都很差。现在成昆铁路还正在修，公路也正在修，我们是乘坐货运汽车进来的，生产和生活物资全是从成都、昆明等地靠汽车运进来，所有大型的机电设备和建筑用材是靠大型拖车运进来，这也是我国一次史无前例的壮举。

我现在工作单位是三十四号信箱供应处，地点在瓜子坪。虽然现在工作和生活都很艰苦，吃的是大食堂，住的是竹席棚，睡的是自己用木板钉的床，但大家生活都过得很充实，工作热情极为饱满，人人都有一股使不完的劲，大家心往一处想，劲往一处使，一心只为一个共同的目标——为攀钢早日建成投产而努力工作。

我在这里现在各方面都很好，身体也很好，请勿挂念，望您一定要保重身体。

因工作比较忙，今天就写到这里。

祝母亲安康！

儿：庆强

1968 年 11 月 6 日

这封家书是曾庆强 1968 年 11 月 6 日写给远在湖南母亲的一封信。

　　建设初期的攀枝花，气候炎热，条件恶劣。建设者们最初的基本生产生活非常艰难，水、电、路不通，吃、住、行将就，但建设者们坚定的强国之志不改，坚守对党对国家对毛主席的忠诚不变，在"好人好马上三线"的号召下，他们对自己能被选中参加攀钢的建设感到无比光荣和自豪。

　　"人人都有一股使不完的劲儿""一心只为一个共同的目标——为攀钢早日建成投产而努力工作"，这些朴素的话语，执着的信念，让人无限感慨。正是因为这些像曾庆强一样的勇敢者，攀枝花成了一座英雄之城！

13. 杨树荣致妻书
(1969年12月10日)

　　杨树荣,1922年2月生,四川隆昌人。早年入伍,后转业到隆昌煤矿,先后被调到乐山泥打煤矿和威远煤矿,1969年调到渡口大宝鼎矿工作直到退休。

攀枝花大宝鼎煤矿

建设者井下作业

德明：

    见信如面！

    我们终于到了四号信箱了，在巴关河车站下车，一眼看到的都是大山，我们还看到金沙江了，听说以后我们就要喝这个水。

    我分配在大宝鼎矿，没有车只有跟到队伍往上爬，我不怕的，你不用担心哈。走了几个小时才走到单位，那才是真的荒凉哟，几排席蓬油毛毡房就是我们的住处。有个地方安了口大锅，就像我当兵的时候那样，三块石头架口锅，有点麻烦的就是用水了。我们轮流到很远的地方去背，要走几个小时，好多人都哭了，也有吃不了苦偷偷跑了的。相信我不会当逃兵的，因为我相信困难是暂时的，总比打仗的时候好得多哈。放心吧，我很好的，一定要把三线建设搞好。

    家里就辛苦你了，既要上班又要帮我尽孝照顾七十多岁的老妈，还是七个娃儿要吃饭，你也要保重身体哈。

    就不多说了，等我有假了就回去看你们。

杨树荣

1969 年 12 月 10 日

这封信是杨树荣 1969 年调到渡口大宝鼎煤矿后写给家人的第一封信。

　　信的一开始杨树荣便交代了他工作的所在地——渡口四号信箱，煤矿建设指挥部。该指挥部成立于 1964 年 11 月，主要承担攀枝花工业基地宝鼎山矿区煤矿建设和煤炭开采任务。由于地处山区，四号信箱周边群山环绕、道路崎岖，以至杨树荣感慨地写道："走了几个小时才走到单位，那才是真的荒凉哟，几排席蓬油毛毡房就是我们的住处。"可是，即便如此，他仍然止不住地安慰自己的妻子，"你不用担心哈"。毕竟，杨树荣是一位革命军人，打过仗、负过伤，见过太多的艰难困苦，三线建设的一切困难都不在话下，他向自己的妻子保证："相信我不会当逃兵的，因为我相信困难是暂时的，总比打仗的时候好得多哈，放心吧，我很好的，一定要把三线建设搞好。"

　　作为战士，杨树荣无疑是合格的，作为一名三线建设者，杨树荣无疑更是合格的，他以军人的标准严格要求自己，克服建设过程中的一切困难。工作期间，曾因经验丰富，多次解救同事于危难之中。不过，面对妻子，在他的内心深处，他始终饱含着一份挥之不去的愧疚和歉意，他对妻子说，"家里就辛苦你了，既要上班又要帮我尽孝照顾七十多岁的老妈，还是七个娃儿要吃饭，你也要保重身体哈"。温暖而又深情的告白，恰恰是这段艰难时代赋予建设者们最无私的品质和最高贵的情怀。

14. 秦万祥致妻书
（1969 年 12 月 22 日）

　　秦万祥，1943 年 2 月生，河南唐河
人。1966 年支援攀枝花三线建设，在攀
期间，先后任冶金部第十九冶金建设公
司党委副书记、副总经理，攀枝花市副
市长、市长、市委书记，2002 年调到成
都工作，2009 年退休。

1970 年攀钢出铁

攀钢出铁纪念盒

秀芝同志：

邮包今日收到，谢谢你的关怀。

这里生产学习已正规起来，生活工作都比较紧张。中央现在对这里特别重视，通知全国支援，要求明年出铁，看来明年的探亲假是回不去了！

关于你工作分配的问题，我已经给这里政工组打了报告，现在已通知我说这里需要像你这样的人才，因这里地处偏僻，离家遥远，加之生活各方面都太差，过去在城市的"先生们"都不乐于来此，教育缺乏。我们这里的上级机关二号信箱政工组明天将发信去你们学校联系这个问题，同时要求你在分配前向负责有关分配工作的校领导提出要求，在提申请的时候要把情况讲明白，说明你并非不想到农村去，而是因为这里革命需要，这里既是边疆又是山区，而且比本省的山区还要偏僻和艰苦，符合中央提出的"四个面向"精神。更何况，到农村能接受贫下中农再教育，到这里同样可以接受工人阶级的再教育。这仅是我个人的想法，可能不是很全面，仅供参考。

你也把这里的真实情况如实地给有关领导讲一讲，摆一摆，供他们分配时参考。对此你尽量讲明情况，真不行就算了，要服从分配，不要强求，更不能因此闹情绪，影响工作，当前要一心一意搞好组织上交给自己的光荣任务。

情况进展如何，望及时来电告知。

秦

1969 年 12 月 22 日夜

这封家书是秦万祥在 1969 年 12 月 22 日夜写给妻子的一封信。

　　秦万祥在写这封信时，攀枝花三线建设正如火如荼，"七一出铁"迫在眉睫，以至他分身乏术，没有时间回家与新婚妻子团聚。

　　在信中，秦万祥详细谈到了妻子工作的调动问题。他积极向组织反映，希望组织同意将他妻子分配到攀枝花来，以便发挥她教书育人的工作才能。但同时，为了更好地解决问题，他安抚妻子，一定要相信组织、搞好团结，能调则调，一切服从组织安排。然而，由于多种原因，他们的愿望并没有实现，黄秀芝直到 1977 年才从河南调至攀枝花，其间一人在家照顾父母，养育子女，缺衣少食，其中艰难困苦，可想而知。以致秦万祥感慨地写道：

　　　　两地分居路遥远，探亲相隔两三年。

　　　　夫妻情感靠书信，思儿念女看照片。

　　可是，尽管如此，秦万祥一直以来无怨无悔、任劳任怨，他始终将组织原则放在第一位，在攀枝花工作了整整 48 年，不仅亲身经历了开发建设之初的艰难创业，而且亲自参与了攀枝花 60 年代、70 年代、80 年代、90 年代的开发建设全过程，成为攀枝花三线建设的参与者、见证者、领导人，将自己的青春与热血全部挥洒在了这片英雄的土地上，深刻践行着一名共产党人的责任与使命。

15. 刘天禄致妻书

（1970年2月6日）

　　刘天禄，1941年3月生，江苏徐州人，中共党员。1965年5月为响应三线建设号召，和江苏省冶金厅千名在职干部职工奔赴大三线，被分配到江油四冶特种公司五队当锻造工，生产特种机械零部件，后被调到文艺宣传队，担任宣传队团支部书记。1970年，与一千多名战友转业到渡口参加夺煤保钢大会战，被分配到二附十号信箱修理厂汽修连任班长。

报刊宣传"三夺三保"工作

刘天禄（前排右一）参加夺煤保电小分队（1970年）

淑英爱妻：

一切均好！

我很想念你，波儿快该上学了吧，女儿小芳还很听话吧，如果家中的活儿不是太忙的话，要经常带着他们到市里去看望大伯和伯母。我在五六岁时父母便已过世，全靠伯父伯母把我抚养成人，对他们我是有无穷的感激之情的。我知道，你一个人在家带两个孩子，又要照看二位老人确有很多困难。虽然自古忠孝难以两全，你对我支援也毫无怨言，但毕竟一家三地分居，对你我实在于心有愧。

淑英，我已和上千名战友一起转业到四川省渡口市二附十号信箱（十九冶特种公司）。渡口是毛主席最关心的地方，建设不好他老人家睡不好觉，所以转业到渡口是直接从江油用军列直到昆明的广通，然后被单位用汽车接到渡口的，不能回家与你们团聚，希望你们谅解。

你还记得吧，那是1968年的9月份，我从部队回徐州探亲，是午夜到家的，未有惊醒已熟睡的女儿，直到早上九点多钟，我被奶声奶气的女儿叫醒，她看到床上有军衣，便叫道：这个解放军叔叔太懒了，我妈已把早点买好了，快起床。她哪里知道，这个懒叔叔就是日夜思念的爸爸。儿子虽然大两岁，但每次探亲返回，他都撕心裂肺哭喊着爸爸不要走……这幸福而又心酸的记忆，我想爱妻你比我更有体会。

淑英，我是不合格的丈夫和爸爸，但我确是一个坚强的三线老兵，你是我的贤内助，是我们家的功臣，我想我们分居的日子不会太长了，团聚的日子即将到来。

　　祝全家安好！

夫：天禄

1970 年 2 月 6 日

075

这封家书是三线军人刘天禄 1970 年 2 月 6 日写给自己爱人的一封信。

　　在信中，刘天禄深情地表达了作为丈夫、父亲和子女的多重身份。他既牵挂日思夜想的妻儿，又时刻铭记于自己有养育之恩的伯父伯母。特别是想到妻子在家一人独自承担，内心五味杂陈。

　　作为军人，刘天禄无疑是合格的，他听从国家的号召，服从组织的安排，始终践行着一名军人的职责与担当。然而，作为亲人，刘天禄似乎又是"不合格"的，因为他不能在伯父伯母膝前尽孝，不能为妻儿分忧，以致常年不能团聚，女儿把他叫"懒叔叔"，儿子哭得撕心裂肺。

　　身处这样一个特殊的时代，刘天禄的选择无疑是积极的、高尚的，他把奉献留给国家，把委屈留给了自己。重温刘天禄的这封家书，质朴的语言里饱含着老一辈三线人的责任担当和舍小家为大家的家国情怀，让人肃然起敬。

16. 孙剑明致兄长书

（1970年4月16日）

　　孙剑明，1949年6月生，四川成都人。1968年入伍，从成都南下攀枝花，编入铁五师25团5营22连，参加建筑成昆铁路的大会战，担任副班长。1970年4月，发生塌方，孙剑明与两名战友不幸壮烈牺牲。

孙剑明未写完的家书

全家合影欢送孙剑明参军（1968.3.29）

亲爱的剑锐、剑光哥，你们好！

2月11号和18号的来信都收到，勿念！我自然是很高兴，特别是知道了你们的思想情况和当前的准备。

由于目前施工紧张——我们的任务已处于按期完工危险的状况，部队很快却又有大变动的形势，所以这封信先简单谈些问题。

关于你们参军的事，我想你们是经常商讨的，目的清楚，认识是明确的，看了你们分别的想法和看法，我完全赞成！虽然说我已在部队锻炼一两年，打心里我感到我的思想觉悟和认识水平比你们差（主要是因为由于艰苦锻炼不够），但我也懂得一个革命者应该有着明确的目标，远大的胸怀，蓬勃的朝气，特别是更有为革命事业奋斗到底的坚定意志。作为革命后代，革命重担应该担在肩上。革命干部子女就更应该继承前辈的光荣传统，最大限度用最大精力更好地为人类解放事业奋斗，而部队正是完全彻底为人民服务的毛泽东思想的大熔炉、大学校……

这封家书是孙剑明烈士1970年4月17日前写给两个哥哥的信，但他还没来得及写完邮出就牺牲了。

孙剑明，祖籍陕西省汉中镇巴县。父亲孙传学，1933年春参加革命，共产党员。先后任乡、区、县苏维埃政府干部，中华人民共和国成立后历任西康省雅安地委副书记、省检察署副检察长、省民政厅党组书记、副厅长，四川省民政厅党组副书记、副厅长。母亲苏磊1937年1月参加山西省抗日救国牺牲同盟会，历任妇委副书记、妇救会秘书（主任），小学校长，四川省政法办公室民政组组长、成都市民政局办公室主任等职。

孙剑明一家兄弟姊妹众多。大哥孙剑锋、二哥孙剑锐生于抗战时期，起名锋、锐，蕴含着宝剑锋锐，消灭日寇、保卫祖国之意；三哥孙剑光和孙剑明，取名光、明，蕴含着人民解放当家、国家光明强大之意；妹妹孙剑平、孙剑宁生于建国初期，取名平、宁，蕴含着国家经济社会发展，人民生活和平安宁、平等富裕之意。父母一开始就将他们的人生与国家命运紧密相连。

20 世纪 60 年代，为了修建大三线和西南地区的大动脉成昆铁路，首先要扩建和新建通往攀枝花市的公路。大哥孙剑锋 1966 年随单位"南下"调到会理县参加公路修建，担任施工连队连长。

1968 年 3 月，部队到成都招兵，身为成都七中高 68 级学生的孙剑明和七八个同学一起去报名。得知是当铁道兵，同学们都畏惧退缩了。然而，在当过老红军、老八路的父母亲的激励下，孙剑明却下定决心，应征到驻防在攀枝花市铁道兵第五师二十五团，编入铁五师 25 团 5 营 22 连，参加建设成昆铁路的大会战，与大哥相向而行。不到一年，孙剑光和两个妹妹也上山下乡，来到地处凉山州冕宁县成昆铁路旁边的泸沽区插队落户。

由于路途遥远，交通不便，孙剑明与家人难得一见，更多的时候，他们是通过书信联系，有时一两个星期一封信，有时两三个月一封信，书信成为牵动亲人之间的唯一纽带。不过，孙剑明寄回书信的内容大多千篇一律，报喜不报忧，字里行间却始终透露出一种随时准备好为国捐躯，死而无憾的英雄气概。他常在信中说："一个革命者应该有着明确的目标，远大的胸怀，蓬勃的朝气，特别是更有为革命事业奋斗到底的坚定意志。"

铁道兵每天工作 10 多个小时，有时连续奋战 20 几个小时甚至 40 几个小时。他们在巨大的精神力量支撑下，不怕疲劳，不怕牺牲，心中只有一个信念，那就是要更快更好地完成任务，向党汇报，向毛主席汇报。由于孙剑明好学肯干，短短两年内，便先后加入党组织、担任副班长、评为团标兵，出席师代表大会。

1970年4月17日，孙剑明正奋战在九道拐隧道，距离成昆铁路的通车时间已经不足三个月，为了抢进度，前一天刚刚上完夜班的孙剑明和战友们又一次钻进了隧道，刚走进去就遇到塌方，几千斤重的大石头砸下来，孙剑明光荣地牺牲了。牺牲前，他给家里写信还对铁道兵生涯满怀期待："等成昆铁路建成了，我还要留在渡口修成昆支线，我还要去北京修地铁，去坦桑尼亚修坦赞铁路！"

母亲听到孙剑明不幸牺牲的消息时如同晴天霹雳，"像一道电从脊梁通到头顶"，久久动弹不得。不过当听到部队领导询问有何需求时，家中二老却毅然决定将两个哥哥也送往孙剑明所在连队，继续完成兄弟的遗志和未竟事业。可以说，孙剑明一家以军人的忠诚与血性，为三线人注入了强大的灵魂。

如今，孙剑明同92名为建设成昆铁路和攀枝花三线基地牺牲的烈士，17名南下解放大凉山剿匪牺牲的烈士一道，肩并肩安眠在攀枝花市仁和区同德烈士陵园，其精神气魄至今仍飘荡在这座英雄的城市。

17. 孙剑锐致弟书

(××年×月×日)

孙剑锐,1946年8月生,四川成都人。为接替弟弟孙剑明未竟事业,参加铁道兵建设工程,后随五十六团到北京修建地铁,曾任铁道兵五十六团排长,四川省军区金阳武装部政委、四川省委组织部电教中心主任、省企党委书记等职。

前排左起母亲苏磊、孙剑光、父亲孙传学

后排左起为孙剑平、桂荣、孙剑英

左为孙剑光、右为孙剑锐

亲爱的剑明弟弟：

　　你终于可以好好地睡上一觉了，你这封还未来得及写完的信，寄了这么久，终于到家了。但是这次哥哥的信，却再也找不到收件人。你当年参军临走以前，挤出时间，在我们家房子外面墙角处，用木条搭建了一个小木屋，大妹妹问你做了干什么？你说现在鸡蛋不容易买到，喂只母鸡下蛋，给父母补养身体。后来，每当吃到家养鸡下的蛋，老父母就会特别想你。

　　1970 年年初，〈我〉到部队来看你，当时你正在成昆铁路九道拐隧道里施工，你带着我进入隧道参观，我望着你长高了长壮了的背影，既为你的成长和坚毅感到高兴，又为你施工的艰险感到担忧。临别的时候，你高兴地说，九道拐这个隧道打通以后，连队要整编到北京参加地铁建设，你又轻描淡写地说，这段时间施工加班加点，非常紧张，危险情况是难免的，我的心一下子又揪了起来。当卡车开动以后，我赶紧从副驾驶座位伸出头来去，想再多看你一眼，没想到被车厢挡住了视线，人好像突然消失了，我心中刹那间涌上一种不祥之感。亲爱的二弟啊，想不到这是我们兄弟最后的相聚。后来我几次在梦中哭醒，对我在汽车上没有看到你最后一眼，感到好后悔、好遗憾，感觉好像是我自己把亲爱的弟弟弄丢了，我永远忘不了你曾经跟我说，去修北京地铁一号线，去看天安门，弟弟，你看见了吗？你的这些盼望，你的这些梦想，都一件一件变成了现实。几十年后，我专门揣着你的照片，专门乘坐北京地铁一号线，终于实现了你和哥哥这个沉甸甸的心愿。从人们高举的手机上，在晨曦中，看到了冉冉升起的国旗，我恍惚觉得，你好像也站在人群中，高举着手机，在那里摄像、拍照。你个子比我高，一定比我看到的场面大，看得更清楚，我相信，你的灵魂一定也会和烈士们一起，汇聚在那里，祝愿烈士们安息！

二哥：孙剑锐

××年×月×日

这封家书是孙剑明牺牲多年之后，二哥孙剑锐写给天堂之上的弟弟孙剑明的一封回信。

　　1970年，孙剑明牺牲之后，处理后事的连队领导来到成都孙剑明家，向孙剑明父母表示歉意，并征询有什么要求时，孙剑明父母秉持"父母革命儿接班，主席思想代代传；为有牺牲多壮志，敢教日月换新天"的革命精神，强忍悲痛地说："当兵就要有牺牲的准备……我们再送两个儿子到铁道兵。"于是，孙剑锐和孙剑光便来到了弟弟孙剑明生前连队，接过弟弟手中的枪，接续兄弟的未竟事业。

　　值得欣慰的是，孙剑锐到五十六团参加修建北京地铁，当年就被评为"五好战士"，团先进工作者，先后任四川省军区金阳武装部政委、四川省委组织部电教中心主任、省企党委书记等职。孙剑光到五十六团参加修建北京地铁，烧过锅炉，打过隧道，被评为"五好战士"，荣立二等功、三等功，保送入清华大学土木工程系学习，后任武警四川总队副总队长（大校）。后来，孙剑明的妹妹也都响应号召，陆续参军，孙剑明的奋斗精神再次在兄弟姊妹的身上得到发扬。

　　如今，每当孙剑锐回忆起弟弟孙剑明时都泪流满面，肝肠寸断，对弟弟始终怀着依依不舍之情，不仅满含深情地为已牺牲的弟弟写下回信，而且还带着弟弟孙剑明的照片，到北京完成弟弟为国修路的遗愿。可以说，孙剑明、孙剑锐一家以军人的忠诚与血性，为三线建设奉献出了自己的一切，其情之真，其事之伟，足以感天动地。

18. 王清泰致父母书

（1970 年 4 月 28 日）

　　王清泰，1942 年 2 月生，重庆市人。1965 年毕业于兰州大学金属物理专业，根据志愿意向，被分配到四零公司（攀枝花钢铁公司的前身），并到鞍钢实习。1968 年 11 月 18 日从鞍钢正式进入渡口市东风钢铁厂（攀枝花钢铁公司的前身），参加攀钢钢研所初期的筹建工作和攀钢产品前期科研工作。30 多年来，长期从事轨道和钢钒应用研究，2002 年退休。

科研工作者在进行科学实验

攀钢生产一线

爸爸妈妈：

你们好！

大哥、姐姐、弟弟他们都好吧？

前些时你们寄来的信，我已收到，知道家里人都好，我也放心了。

我回到渡口好几个月了。在上海出差一年多，其间也参加了我们公司在北京首钢和鞍钢的部分实验工作。接触到的一些同志都很不错，大家内心都有一个目标，把我们的三线建设好。大家团结互助，不怕劳累，工作吃得苦，都很努力。我也从中学到了很多在学校没学过的知识，这对我来说，帮助是很大的。

现在我们仍然住席棚，主要吃食堂，有时我们自己也做一点。

由于目前工厂还在建设，工作不多。每天早上，我们单位的书记就带着我们20多个人跑步半个多小时锻炼身体，还喊口号"锻炼身体，建设祖国！"。早饭后，开会学习毛主席关于三线建设的指示，自己动手为陆续进来的人盖席棚子。生活虽然艰苦、简单，但大家都很愉快。

前不久，我们单位分配来了10个转业的铁道兵，在部队都是班长以上的，全是四川人，个个都很精神，见到他们我很高兴，也很快熟悉了。

瑞华参加攀钢医院的筹建工作，也比较忙。预计6月份生孩子，准备送她到重庆去生。生了后，孩子就留在重庆由你们照顾了，要麻烦你们了。瑞华去重庆之前，我会提前告诉你们的。

这个月已经寄出 20 元钱，今后，我会每个月都按时给你们寄生活费，注意查收。

好了，今天就写到这里吧。

祝爸妈身体健康，请代我问候大哥大嫂、姐姐和弟弟他们好。

儿：清泰

1970 年 4 月 28 日

这封家书是 1970 年 4 月 28 日王清泰写给父母亲的一封回信。

　　王清泰在信中向父母汇报了在他在渡口工作的基本情况。此时，他已从上海出差回到渡口数月，但久久不能平静，因为，通过这些经历，不仅深化自己的知识结构，提高自己的业务水平，而且感受到一种奋发有为的时代精神。他说，"接触到的一些同志都很不错，大家内心都有一个目标，把我们的三线建设好。大家团结互助，不怕劳累，工作吃得苦，都很努力"。这些经历给予王清泰莫大的心灵安慰。

　　王清泰说与同事一起，在书记的带领下，"锻炼身体，建设祖国！"则让我们瞬间感受到了一种强大的精神力量。正是因为有这样一批朝气蓬勃、奋发有为的年轻人，三线建设才有强大的动力支持。

19. 刘景山接妻书
（1970 年 11 月 21 日）

　　刘景山，1935 年 8 月生，辽宁鞍山人。1970 年 9 月，受组织安排，同单位（辽宁鞍山发电厂）几名业务骨干一道支持攀枝花三线建设，到攀枝花动力厂工作。

建设者们生火做饭

建设者头顶烈日辛勤工作

景山：

　　你好！见字如面！

　　你已经到渡口一段时间了，不知你那边的近况如何？渡口三线建设的工作进展得顺利吗？作为厂的业务骨干，你被派到渡口支援三线建设，这是党和组织对你的信任，你一定要好好干，这不仅是你的荣耀，更是我们全家人的荣耀。

　　此时老家已是白雪皑皑，渡口的冬天好过吗？会不会像东北这样寒气逼人？你只身一人去到一个陌生地区会不会感到一切都不太适应？你不要着急，等你把工作各方面安顿好后，我就和孩子们一起到渡口来看你，如果组织需要你长期留在渡口，那我们一家四口就随你一起生活，一起建设渡口的未来。

　　静科〈大女儿〉和静新〈小女儿〉现在一切都挺好，静科刚刚过了年满十岁的生日，我给她买了一个小蛋糕，我和静新一起给她庆生。静新看到姐姐的蛋糕和蜡烛高兴得手舞足蹈，还和姐姐抢着吃，如果你也在场，该有多好啊！

　　支援三线建设想必条件一切都是艰苦的，你要好好照顾自己，希望组织能把这封信尽快转到你手上，家里一切安好，你不要挂念，你在渡口踏踏实实地安心工作吧！我知道，你经常一工作起来就忘记按时吃饭，我还是要叮嘱你一句，一定要劳逸结合啊，身体永远是革命的本钱。

　　希望你尽快安顿下来，我们期盼着你的回信，迫切想知道你那边的近况。盼复！

妻：锡荣

1970 年 11 月 21 日

这封家书是 1970 年 9 月刘景山作为技术骨干，从辽宁鞍山发电厂支援攀枝花三线建设时，妻子关锡荣写给他的一封问候信。

　　三线建设时期，东北地区是攀枝花三线建设的对口支援省份。无数三线人跨省离乡，从北到南，从高纬度到低纬度，从阖家团圆到只身独行，面临着一系列不适与挑战。身为人妻，关锡荣对丈夫刘景山无比思念与牵挂，由此，她发出了"此时老家已是白雪皑皑，渡口的冬天好过吗？会不会像东北这样寒气逼人？你只身一人去到一个陌生地区会不会感到一切都不太适应？"一连串的追问，让我们看到了亲人们对家人的担心与牵挂。

　　但同时，在信中她们又洋溢着自豪的情感，"备战备荒为人民，好人好马上三线"，能够有幸参与三线建设，对建设者而言是一件极其光荣的事情，作为妻子，关锡荣感同身受，她叮嘱丈夫"一定要好好干"，不辜负党和组织的信任。为了与丈夫分享喜悦，解除丈夫的后顾之忧，她详细讲述了孩子们的生日细节，关心着丈夫的身体健康，叮嘱他按时吃饭、劳逸结合。

可以说，这封家书，真实再现了三线建设初期绝大多数建设者的生活境况，为了三线建设，他们两地分居，养育孩子的重任大多落到妻子身上，为了支持爱人工作，她们默默奉献，付出了太多太多。

20. 杨定元致父母书

（1971 年 5 月 9 日）

　　杨定元，1952 年 9 月生，四川中江人。1971 年 2 月参加攀枝花三线建设。1971 年 2 月到 1979 年 9 月供职于攀矿井巷公司，1979 年 10 月到 1991 年 6 月调到该公司财务部门，1991 年 6 月调到矿业公司物资处财务科，2012 年 9 月退休。

电 话 纪 录

五月十二日上午十时，冶金部洪戈同志给白副主任来电话：昨天接到总理批准朱家包包大爆破的口头通知，正式文件另发通知。

总理的批示如下：同意。在我准大爆破第一方案后，要认真到现场作检查、校核，要做充分准备工作，然后将由渡口市革命委员会电话直报冶金部陈绍昆同志。确定爆破日期，并得到四川省革命委员会同意后执行。

———— 周恩来 五月十日

另外，冶金部军代表朱亘宁同志，以及韩青某、洪戈同志，今天乘火车离京来渡，十四日上午到成都，预计星期六能到渡口。大爆破的准备工作来渡后所汇报，起爆药包先不要放。

在电话里，白副主任请冶金部的同志早日赶到渡口。

（高部长意见：坚决按总理指示认真执行。把情况向顾、安、叶、陈主任汇报，并请叶副主任转告省。转告白治兰同志）

周恩来总理亲自批准爆破方案

1971 年 5 月 21 日狮子山爆破成功

敬爱的爸爸妈妈：

　　你们好！早就该给你们写信了，因为工作太忙，一直没有时间，希望谅解。现在我把我的情况告诉你们，儿子在外面很好，希望你们放心。

　　我一到单位被分配到制材厂工作，就是木材加工厂，主要是为矿山建设单位生产加工搭建席棚房的木材。因矿山建设需要，要进行 12000 吨炸药的大爆破，我们被临时抽调参加炸药加工的工作，目前，我们的工作量比较重，工作时间长，劳动强度大。我们担任的是危装工作，就是把生产出来的炸药按 50 公斤称重装袋，用绳子将口袋绑好，因为这个工作比较费手，经常磨破手掌，基本是旧伤好了新伤又出现了。好在现在生产炸药的工作已经完成，昨天又回加工厂上班了。木材加工大约每天解放车拉十多车，我们的工作就是将生产出来的木料堆码成垛供应给使用单位。

　　另外就是气候比较干燥，经常流鼻血，听那些老工人说，他们才来也是一样的，过一段时间就好了，所以请你们放心。

　　这次春节没有按要求回人民渠工地，也就面临了一次人生的转折，无意中成为一名渡口工人，一名真正的三线建设者，自己感到很荣幸，很自豪。因此，希望你们放心，我的各方面情况都很好，比在老家要好很多，其他没什么。

　　祝二老健康、快乐！

儿：杨定元拜上

1971 年 5 月 9 日

这封家书是杨定元抵达攀枝花后，于 1971 年 5 月 9 日写给自己父母的一封信。

　　信中杨定元提到的大爆破，即攀枝花著名的"狮子山大爆破"，它是我国矿山建设史上迄今规模最大的一次"万吨大爆破"，由周恩来总理亲自审定。年轻的杨定元有幸参与了这次大爆破的准备工作，那年，他还不到 20 岁。他的工作，主要是为矿山建设单位加工搭建席棚房用的木材，后来因为时间紧、任务重，他被抽调去填装炸药，按 50 公斤分袋将炸药装好绑好，以供矿山填埋爆破。

　　事非亲历不知难，这是一项艰苦的工作，不仅危险，而且磨人，他们的手经常被磨破，旧伤未好新伤又出。然而，它又是一项让人引以为豪的工作，杨定元像一颗螺丝钉，勤勤恳恳，努力地发挥着自己的绵薄之力。当整个狮子山被 12000 吨炸药的威力一举托起之时，我们相信杨定元的心情一定是激荡和豪迈的。那一声巨响，不仅在年轻的共和国的建设发展史上被瞬间定格，而且也使无数像杨定元一样的老一辈开发建设者的身影，随着那声巨响在攀枝花的历史长廊中熠熠生辉。

21. 付玉芳致父亲书

（1971 年 5 月 27 日）

付玉芳，1954 年 1 月生，四川德昌人。1970 年 10 月赴攀枝花参加三线建设，1970 年 10 月到 1970 年底，在民兵连担任连队统计员，1971 年参加民兵团文艺队，1971 年到 1972 年间，参加四川省军区的调演，多次在攀枝花荷花池、五道河、宝鼎山等工厂矿山从事文艺汇演。

付玉芳在演奏乐曲

文艺队在表演节目

敬爱的爸爸：

您好！

这段时间特别忙，没来得及给您汇报我这边的情况。但请您放心，您是了解女儿性格的，从小在您的严格要求下，我是有原则有理想的，女儿一定在渡口好好工作，绝不给您老惹是生非，更不会给您丢脸。为了让毛主席睡好觉，建设一个强大的渡口，我们已经铆足了干劲。

最近，我们还自编自创了《拉练路上》《光荣人家》等文艺节目，其中，韵白剧《小八路见到了毛主席》还在省里获得了大奖，着实让大家高兴了一番。

爸爸，前些天，我们这边发生了一场惊天动地的大事情——"朱家包包大爆破"，爆破前，为了让给大家加油鼓劲，渡口召开了动员大会，5000多人参加，人山人海，女儿作为代表还进行了发言，心里有说不出的高兴。大爆破前一天晚上，为了安全起见，要把人员全员转移到务本山上去，我们作为文艺工作者，一直都在拉练的路上为大家加油鼓劲，即使半夜下起了大雨，也仍然在忙着准备爆破时需要的一切原料，从没有听到有谁叫苦连天过。

爸爸，这儿虽然条件很差，但总是一派生机勃勃的样子，大家有使不完的劲，做不完的事，都一门心思地工作，也让我感到无比的自豪，您是经历过土改的老干部、老党员、老书记，是肯定能体会到我所说的。

虽然离家不算太远，但心里随时总是想念着您，您一定要保重身体，等到我的假期到时，我就回来看您。

　　祝您身体健康，万事如意！

女儿：玉芳

1971 年 5 月 27 日

这封家书是付玉芳 1971 年在攀枝花三线建设过程中写给父亲的一封信。

　　付玉芳离开父亲参加三线建设时年仅 16 岁，但她却是一名多才多艺的文艺爱好者，她有激情、有思想，热爱三线建设，在父亲的教育和影响下，付玉芳从小便养成了坚强的性格，正如她信中所说："从小在您的严格要求下，我是有原则有理想的，女儿一定在渡口好好工作，绝不给您老惹是生非，更不会给您丢脸。为了让毛主席睡好觉，建设一个强大的渡口，我们已经铆足了干劲。"

　　付玉芳向爸爸讲述了自己工作和生活，虽然条件艰苦，但却很少提及，更多地分享了自己的快乐和幸福，给人一种积极向上的力量。从信中我们能感受到热火朝天的建设场面和散发出的青春的热情与激情，展现了三线人积极乐观、敢于吃苦、乐于奉献的精神与情怀。

22. 亓伟致妻书

(1971 年 5 月 28 日)

　　亓伟，1911 年 10 月生，山东莱芜人。曾参加中华民族解放先锋队、八路军山东抗日游击第四支队。历任泰山特委军事部第一大队供给处长、粮食科科长、泰历县抗日民主政府代理县长、泰安县县长、泰山专署工商管理局局长、华东工商干部学校校长、华东煤炭工业管理局基建处处长，云南省煤炭厅副厅长、党组书记，云南省煤炭工业管理局副局长、党委书记等职。1964 年，亓伟自愿请求到攀枝花开发宝鼎煤田，任宝鼎山煤矿建设指挥部党委书记。1971 年 5 月罹患肺癌。1972 年 3 月 26 日，亓伟在渡口煤炭指挥部医院逝世。

攀枝花宝鼎陵园

宝鼎山亓伟同志墓地

书兰：

　　你好！

　　我最近身体很好，请不要挂念。

　　这段时间在医院里闲暇无事，想到了过去很少想到的事情，这些年来，我一直忙于工作，对于你和孩子很少顾及，内心深感惭愧。可是我是个共产党员，党的事业高于一切。现在我年纪大了，身体又不好，确实很想回家和你们多住些日子。但是我又离不开宝鼎矿区，离不开攀枝花，所以我想如果你能把孩子们领来这里安家就好了，我的愿望就能实现了。更重要的是，我已经老了，而攀枝花的事业还没有完成，孩子们来了，就能继承我的事业，像老愚公那样，祖祖孙孙挖山不止，直到实现共产主义。你好好考虑一下，我期待着你的回信。

　　祝你和孩子们安好！

亓伟

1971 年 5 月 28 日

这封家书是 1971 年 5 月 28 日亓伟告诉妻子，希望她能与孩子一同到攀枝花参与三线建设的一封信。

　　写下这封信时，亓伟同志年届六旬。这年 5 月，亓伟同志忽然晕倒，经医院检查，他已肺癌晚期，这封信是他在北京住院治疗期间所写，9 个月后，他在渡口煤炭指挥部医院逝世。

　　亓伟同志很早就参加了革命工作，中央决定开发攀枝花时，他就任云南省煤炭工业管理局副局长、党委书记。凭着对党和国家事业的忠贞热忱，他主动请缨，毅然离开四季如春的昆明，来到荒无人烟的攀枝花。作为攀枝花宝鼎山煤矿建设指挥部党委书记，亓伟带领几千职工，舍身忘我，对抗恶劣的自然环境、艰苦的生活条件，在只有简陋生产设备的条件下，开启了"夺煤保电、夺煤保铁、夺煤保钢"的"三夺三保"大会战，用 28 天时间让小宝鼎矿恢复生产，用 38 天打通太平煤矿主副井，用 75 天建成龙洞矿，确保了攀枝花顺利出煤、出铁、出钢。

1971 年 5 月的一天，亓伟突然晕倒了。经医院检查，他患肺癌已进入晚期。矿区党委派人护送他去北京治疗。亓伟住院时间将《共产党宣言》《为人民服务》读了几遍。他在笔记本上写道："和民族敌人斗，苦死不怕；和大自然斗，敢字当头；和癌病斗，坚定沉着。活着建设攀枝花，死了埋在攀枝花！"经手术一个月后出院。医生对他妻子讲，亓伟的癌细胞已经转移，要好好疗养。归途中，他路过昆明，云南省委准备安排他去温泉疗养，亓伟对妻子说："书兰，我得回渡口去。"陈书兰知道他从来就是说到做到。第二天下雨，妻子准备要辆车送他，但被他制止了。亓伟回到攀枝花，一个医生问他，有病为什么不在家休息，他说："你应该知道，我的时间不多了，所以我要回来。我还要动员家里人都来，学习老愚公嘛，愚公子子孙孙挖山不止，我也要教育子孙，建设攀枝花。"不到三个月，妻儿从昆明迁到了攀枝花。矿区党委同矿区院医生商量后，只好同意他半天工作，半天休息。他又便往常那样，拄着棍子，不分白天黑夜下基层，听汇报，研究工作。由于操劳过度，病情一天天加重，只得再次住进医院。

亓伟病情恶化的消息很快传遍矿山，职工都纷纷赶到医院看望他。在生命垂危之际，亓伟仍笑着说："同志们不要难过，我不要紧，望你们把攀枝花建设好……我死后，请把我埋在宝鼎山上，让我日日夜夜看着攀枝花出煤、出铁、出钢。"

1972 年 3 月 26 日，亓伟在渡口煤炭指挥部医院逝世，终年 60 岁，他的事迹先后被《渡口日报》《四川日报》《中国煤炭报》《人民日报》广泛报道，被誉为"焦裕禄式的好干部"。

巍巍宝鼎，英魂长存！

23. 郭汝渝致父母书

　　郭汝渝，1949 年 2 月生，四川成都新津人，1971 年 5 月参加攀枝花三线建设，被分配到攀钢炼钢厂，长期承担制氯选料和货车装卸工作。

建设者在货运列车前留影

建设者正从事装卸工作

爸爸妈妈：

　　你们好！

　　我已经到渡口了，路上一切都还比较顺利，请你们放心。

　　只是没想到渡口的环境这般恶劣，我们长期在成都这边生活，是万万想不到的。在老家，到处都是青山绿水，鸟语花香，而这边，到处都是荒山野岭，工地上除了一根大煤气管，现在什么都还没有。这里的风沙也大得吓人，我们没吃过一顿干净饭。

　　爸爸妈妈，我好想家哦，好几次睡觉都梦到你们，梦到老家。但想到你们说的，"好好干，年轻人就是要多吃苦，一份工作一分收获"，我还是能够坚持的。

　　爸爸妈妈，现在我的工作主要是后勤服务，为工友的日常生活提供保障，有时也卸火车皮，把从外面拉来的白云石、石灰、沥青等从车上卸下来，还有就是制氯选料等工作。上下班很远，都是赶通勤车。

　　爸爸妈妈，请你们放心，我一定坚持下来，为毛主席争光，也为你们争光。

　　最后，祝你们身体健康，万事如意。

女儿：汝渝

1971 年 6 月 2 日

这封家书是 1971 年郭汝渝从成都新津到攀枝花支援三线建设写给父母的第一封信。

　　对于长期生活在成都平原的郭汝渝来说，三线建设时期的攀枝花无疑是另一个世界。成都素有"天府之国"的美誉，地势平坦，气候温润、山清水秀、鸟语花香。相反，攀枝花在当时还是荒山野岭，狂风肆掠。因此，她情不自禁地写道，"爸爸妈妈，我好想家哦，好几次睡觉都梦到你们，梦到老家"。这种对故乡与亲人的眷恋是何其真切。

　　然而，尽管如此，在她的内心深处，人生面对的又绝不仅仅只有生活的安逸，还有责任与担当。为此，她想到了父母亲的谆谆教诲，"好好干，年轻人就是要多吃苦，一份工作一分收获"。她努力做好服务，为工友提供后勤保障，甚至从事、参与一些男同事干的重体力活。因为在郭汝渝的心里，一直有一种荣誉感、使命感，这就是为毛主席争光，为父母亲争光，也正因为如此，她始终用最简单、最朴实的行动践行着"忠孝"二字的当代价值。

24. 丁爱谱致兄妹书

（1972年7月15日）

　　丁爱谱，1943年12月生，山东日照人。1972年，丁爱谱从辽宁大连举家迁往攀枝花支援三线建设，成为攀钢炼钢厂职工，当过保育员、锅炉工、清洁工。退休后，担任攀钢集团公司东风退管所党总支委员、第二支部副书记，攀枝花市东区长寿路街道健康路社区党支部兼职委员。

工作中的丁爱谱

丁爱谱在社区开展工作

亲爱的哥哥姐姐：

你们好！

家里都好吗？相隔这么远，实在想念你们得很。我们在渡口都挺好的，无论是在生活上，还是在工作上大家都很愉快。因为这里是毛主席最牵挂的地方，是三线建设的主战场。

记得上次五嫂劝我说，这里条件十分艰苦，兔子都拉不出屎来，很多人吃不下苦都跑了，你还是回来算了。我十分感谢嫂子的好意，但我却不能这样想啊。你们是知道的，父母亲走得早，我们兄弟姊妹从小无依无靠，是党从小把我抚养成人。中华人民共和国刚刚成立时，全国人民都还吃不饱饭，每个月却给我们兄弟姊妹每人40斤粮票，这是哪里能找到的事情啊。我和哥哥姐姐上学，从来都没有缴过学费，吃穿住用，什么事情都是优先照顾我们。我们从小生活在陆军大院，是看董存瑞、刘胡兰的电影长大的，报答党和国家恩情是我们终生的志向啊。

亲爱的哥哥姐姐，最近，我在炼钢厂幼儿园当上了保育员，不过幼儿园的条件确实很差，处在两条铁轨中间，尘土飞扬，噪音很大，席棚子挡不住灰尘，孩子们一哭就成了小花脸。没有床，我们只能把孩子们放在摇篮里，用绳子把摇篮吊起来，一共18个孩子，忙得我不可开交。为照顾工友的孩子，我只能把我们家老二放在背篓拴在柱子上，最近老二刚患了中耳炎。

更恼火的是工厂嘈杂声让孩子睡不着觉。我想了很久的办法，最后才到卫生所夏主任那里要来了药棉，从家里带来纱布，把棉花搓成小球，堵在孩子的耳朵里，减少杂音，然后把纱布蒙在孩子的脸上，挡住灰尘和风沙。孩子们爱哭，我只能经常左手抱一个孩子，右手抱一个孩子，背上还经常背着一个，老二看着我抱着别的小孩不抱他，总是一个劲地哭，虽然我心里也不好受，但是我知道，这些孩子是炼钢工友们的掌上明珠，是他们心头肉，为了让他们在前线放心工作，我一定得照顾好他们的孩子，为三线建设添砖加瓦。

121

哥哥姐姐，你们在家也要照顾好自己，以前都是你们照顾我，现在我已经长大了，成家了，知道自己的责任，我一定会努力工作，好好表现，争取早日入党，把一切都奉献给党和国家，只有这样，我们才对得起党和国家对我们的关心和爱护。

亲爱的哥哥姐姐，这里的工作特别忙，不能经常给你们写信，请你们多多理解，希望你们在家一切顺利。

妹妹：爱谱

1972 年 7 月 15 日

这封家书是丁爱谱1972年7月15日写给自己哥哥姐姐的一封信。

丁爱谱参加攀枝花三线建设之后，面对各种艰难困苦无怨无悔。她不听五嫂劝告，毅然留在了攀枝花。她认为，自己与兄弟姐妹从小受党和国家照顾，关怀备至，长大了，自己也应该感恩党和国家。正是基于这样的报国之情，她克服了一切艰难险阻。

为了让工友们安心工作，她自觉肩负起保育员的重任。没有床，她就把孩子放在摇篮里用绳子吊起来；怕孩子们被环境影响睡不着觉，她就从卫生所找来药棉堵住孩子的耳朵。甚至为了照顾工友孩子而忽略了自己孩子的感受，让孩子患上了中耳炎。

她努力工作、任劳任怨，曾连续378个星期天没有休息，18个春节没与家人吃团年饭，无论在什么岗位都兢兢业业。在攀钢炼钢厂工作的二十年中，先后调动工作十几次，干过十几个工种，每次领导分配工作，从来不打听条件好坏、报酬高低，都是尽职尽责地完成。仅 1983 年，丁爱谱就从地上捡回废弃耐火砖、轻质砖、镁砖 6180 块，耐火泥 117 包，成品好料 5 吨，旧纸箱 100 多个，设备 11 台，门 34 扇，安全栏杆 300 多米。

当锅炉工时，她曾经一个人 45 分钟下一大卡车煤，不叫苦不叫累；当清洁工时，她曾经一个人打扫 1 至 6 层楼的 60 个房间、过道、厕所等，手指肿了，就拿绳子把扫把、拖布绑在手上，坚持打扫；在厂里维护设备时，作为第一个干这项工作的女同志，她每天要上上下下 500 多级铁梯，有时脚肿了也要坚持工作。

退休后，丁爱谱依然闲不下来，主动参与社区治安巡逻、清理垃圾、关心教育青少年等工作，还帮扶困难家庭、照顾病人。丁爱谱说："为党分忧、为民办事是我们共产党员的职责，传承和弘扬'三线精神'也是我们共产党员的责任和义务，为居民做点事、言传身教给孩子们当校外辅导员，我义不容辞。我衷心希望'三线精神'能够代代相传，永放光芒，大家齐心协力把我们的祖国建设得更加繁荣富强。"她的一生完整地诠释了一名三线人的初心与使命。

丁爱谱先后荣获全国"三八红旗手""四川省劳动模范""攀枝花市建设新时期英杰"，2012 年当选党的十八大代表，2013 年入选四川省"十佳五老"，荣登 2015 年度中国好人榜，荣获全国百名优秀共产党员等荣誉称号。

25. 王清泰致父母书

（1973年1月28日）

王清泰，1942年2月生，重庆市人。1965年毕业于兰州大学金属物理专业，根据志愿意向，被分配到四零公司（攀枝花钢铁公司的前身），并到鞍钢实习。1968年11月18日从鞍钢正式进入渡口市东风钢铁厂（攀枝花钢铁公司的前身），参加攀钢钢研所初期的筹建工作和攀钢产品前期科研工作。30多年来，长期从事轨道和钢轨应用研究，2002年退休。

建设者挑水种菜

建设者在劳作

爸爸妈妈：

　　你们好！

　　大哥姐姐弟弟他们都好吧。前几天的来信已收到，知道你们和小萍都好，我和瑞华都很高兴。

　　自从我们单位搬到离厂更近的地方后，随着人员的增加，我们继续盖席棚子。不过增加了要安装一些设备的席棚子，以配合生产厂陆续投产的需要，可以做一些简单的实验室工作。

　　单位搬家后，我们盖起了自己的食堂、澡堂。新鲜蔬菜也逐渐多起来了，也有鲜肉吃了。为了丰富吃菜的问题，我们单位在周围开荒出一些地来交给食堂种菜。生活比刚来时有了不小的改善。

　　同时，我们科技人员也开始逐步地深入到生产厂现场，与工厂的科技人员、工人师傅一起跟踪生产情况，一起制定各种方案、规程等，为生产的顺利进行开展工作。

　　这样，生活也逐渐在改善，工作也逐渐在开展，就渐渐步入正轨了，大家都开始忙起来了。

　　这些日子，公司给了我们一个大任务，就是要安排研究攀钢投产后，生产哪些有攀钢特色的钢材产品，需要我们从攀钢的炼钢开始，提前进行科研工作。之后要把攀钢的钢运到鞍钢武钢等钢厂轧成钢材，进行试验。这些过程我们都要全部跟踪参与，最后要提出具有攀钢特点的钢材品种和生产要求。这些工作，也正是我们来攀钢早就盼望的，大家都很高兴，工作非常积极主动，有时连续三四天守候在现场不回家，就为了取得实际的数据。目前这项工作攀钢部分基本完成，下一步就要准备出差去外地进行跟踪实验。虽然忙一些，但觉得很充实，收获很大。因此，这段时间忙，给你们写信也少些了。

　　寄给你们和小萍的生活费 35 元，请查收。

　　祝爸爸妈妈身体健康，顺问大哥大嫂、姐姐和弟弟好。

儿：清泰

1973 年 1 月 28 日

127

这封家书是 1973 年 1 月 28 日王清泰写给父母的一封回信。

　　与他的上一封信比较，两者形成了一种鲜明的对比。在上一封信中，由于攀钢还在筹建之中，主要以出铁出钢为主，作为科研工作者，王清泰明显还没有发挥出自己的专长。而在写这封信时，时间已经到了 1973 年，攀钢已经发展到了一个全新的阶段，"科技人员也开始逐步地深入到生产厂现场，与工厂的科技人员、工人师傅一起跟踪生产情况，一起制定各种方案、规程等"。为生产的顺利进行，而不断优化工作。"这些工作，也正是我们来攀钢早就盼望的，大家都很高兴，工作非常积极主动，有时连续三四天守候在现场不回家。"这种忙则加班加点、闲则锻炼身体，建设祖国的精神真可谓将人的主观能动性发挥到了极致。

　　由此我们也不难发现，作为一个特殊群体，三线人时刻都在为国家准备奉献自己的一切，真实践行着"艰苦奋斗、无私奉献、团结协作、勇于创新"的"三线精神"。也正是因为有他们，攀枝花今日才声名鹊起，成为名震中外的钢铁重镇。

26. 杨能智致父母书

（1973 年 5 月 18 日）

　　杨能智，1949 年 12 月生，四川中江人。1971 年 2 月参加攀枝花三线建设，在五道河二井巷打排洪巷道、竖井和天井。1971 年 7 月到 1973 年 8 月，多次抽调至冕宁县泸沽大顶山铁矿，1981 年回到攀枝花后，长期从事采矿工作。

矿山放炮现场

安放炸药的药室

爸爸妈妈：

　　你们好！

　　我在渡口挺好的，请你们放心。就是这边气候不像我们那边好，风大、灰大、太阳大、雨又急，吃的水都要用白矾沉淀后才能吃。这段时间，有些同事因为身体原因，体力不支，都离开了，我还好，上次你们劝我回去，但是我觉得我还是能坚持的，据中央耿飚同志说，毛主席凌晨四五点都还在工作，我想我们更应该坚持下来，为毛主席分忧。我们领导韩中顺说了，我们是最后一批冶金职工，要站好最后一班岗。现在我们正在打主巷道，只有1.1米高，里面才是安放炸药的药室，每次上班都要爬着进去，虽然每天工作十二三个小时，但是请你们放心，我一定照顾好自己。

　　爸爸妈妈，你们一定要保重自己，爸爸有高血压、支气管炎，要更加注意。我现在的工资是31元，除了给自己留点生活费，决定其他的都给你们寄回去。另外，我的一些剩余的粮票都是"渡口票"，等两天抽空我去把它们全部换成"川票"，也寄回来给你们用。

　　爸爸妈妈，夜深了，就说这些，你们也早点休息。

儿：能智

1973 年 5 月 18 日

132

这封家书是 1973 年 5 月 18 日杨能智写给父母，汇报自己工作情况的一封信。

　　攀枝花建设初期，采矿工作异常艰苦，环境恶劣，到处都充满着危险和挑战，杨能智的工作正是与此密切相关。由于主巷道只有 1.1 米高，里面才是安装炸药的药室，每次上班他都要爬着进去，而就是在这样的环境中，有时还要工作十二三个小时。但正如信中所说，为了"为毛主席分忧"，杨能智凭借坚强的意志，克服着风大、灰大、太阳大的艰苦条件，最终坚持了下来。

　　作为一名对党和国家无比忠诚的三线战士，杨能智不仅热爱自己的国家，对父母也是关怀备至，父亲有病，不能身前尽孝，为了表达儿子的愧疚之情，他尽可能省下自己的一切开支和粮票，全部寄给父母，一片拳拳人子之心跃然纸上，充分彰显了三线建设者的家国情怀。

27. 朱凤才接好友书

（1973 年 12 月 8 日）

朱凤才，1936 年 10 月生，辽宁海城市人。1952 年参加工作，1954 年 3 月入党，在鞍钢化工总厂先后当工人、团委书记。1965 年 9 月调入四川，先后任西南钢铁研究院团委书记、宣传科长等。1978 年调入攀钢，任宣传科长、编史组组长、攀钢报社总编。1989 年任攀钢设计院党委书记。

凤才同志,我现在这儿给你写信。

你好!

爷妈和伯母,伯妈们都好。

我在10月2日到这儿,一路来很好。我这次旅行了这几的时间,当天4个省11个直辖市一个自治区。行遍一万五千多公里,学到了不少东西,也受到了很大的教育。看到了祖国的大好山河,也到了最好的地方玩,哪里都去过了一些地。这真是少景这边旅游,让我知地多娇。到各地看到了很多名圣古迹游览区教育,几百年和几千年前所建造那样活伟的建筑。让我感觉到我吧劳动人民的高度智慧和建筑技术的单位成就。

得,我在10月26日下午去渡口一次坐火车直是不高。虽然我们之间要说的话还没有说完,这都是为党的利益。我这次以出到的地方也很多,这些在我的记忆里第一次就记路的。

我初次到渡区受到的教育很大,就在这天起初地时时间,在一九有的高小城上,坪以有级的双手还没

赵中凡写给好友朱凤才的信

朱凤才在生产一线(图右一)

凤才小弟如面：

　　弟妹和侄男、侄女们好。

　　我于 12 月 2 日到家，一路安好勿念。这次调研两个多月时间，共走了十四个省、两个直辖市、一个自治区，往返一万五千多公里，学习了不少东西，也受到很大教育，看到祖国的大好山河，真是风景这边独好，江山如此多娇。

　　你我在 10 月 26 日下午在渡口见一次面真是不易，虽然我们之间要说的话还没有说完，但为了党的利益，不得不第二天就分别了。

　　我初次到渡口，其实受到很大教育。短短的几年时间，在一无所有的荒山坡上，用工人阶级的双手建设起工厂矿山，工人村的大楼房以及百货大楼……这只能是在共产党和毛主席的正确领导下才能完成的，而其他地方是根本办不到的。虽然我在渡口仅住了五天，但是当我离开的时候，确有些依依难舍之情。渡口的景色很好，望眼前，群山高大雄深，看脚下，金江波涌浪卷，夜里的万家灯火……这一切都给我留下了难忘的印象，离开时我甚至饱含热泪。

　　凤才弟，我们相处的时间并不长，见面时彼此却常常流出热泪，你我都知道，这是无产阶级的革命感情，是阶级的亲情，回想起我们在鞍山一起工作的时候，互相学习……一切真是一言难尽。我们在鞍山已分手快十年了，〈但〉我总觉得还是昨天！今后如还能什么时间再见面互谈，该有多好啊。

　　希望今后我们能彼此不断通信往来，传递生产学习之捷音。

　　最后让我紧握你的双手共同高呼毛主席万岁！

　　　　此致

敬礼

　　　　　　　　　　　你的好友：赵中凡

　　　　　　　　　　　1973 年 12 月 8 日

这封家书是朱凤才同事、好友赵中凡到攀枝花看望朱凤才后，回家于 1973 年 12 月 8 日写给朱凤才的一封信。

　　当时的攀枝花，通过 8 年的开发建设，已经出铁出钢，城市建设也初具规模，赵中凡在与朱凤才分别近十年后来到攀枝花与之相见，虽是匆匆一面，但却情真意切。一方面，他被攀枝花的建设速度和热情所感染。"短短的几年时间，在一无所有的荒山坡上，用工人阶级的双手建设起工厂矿山，工人村的大楼房以及百货大楼……这只能是在共产党和毛主席的正确领导下才能完成的，而其他地方是根本办不到的"，使我们真切感受到社会主义制度的优越性。另一方面，他也被攀枝花的山川风貌所吸引，"渡口的景色很好，望眼前，群山高大雄深，看脚下，金江波涌浪卷，夜里的万家灯火"，让我们看到一个雄奇瑰丽的攀枝花。

　　而作为曾经的同事、故友，赵中凡对朱凤才更是充满了兄弟般的深情厚谊，并用"无产阶级的革命感情""毛主席万岁"等 20 世纪 60 年代特有的语言，表达了他的内心世界，让我们感受到浓浓的时代印记。

28. 张正秀致父母书

（1974 年 6 月 17 日）

　　张正秀，1947 年 10 月生，四川苍溪人，1967 年 1 月参加攀枝花三线建设，在攀枝花四建一公司当油漆工，后工作调整，成为库房管理员。

建设者高空作业

建设者头顶烈日参加动员会

爸爸妈妈：

你们好！

好久没有给你们写信了，这段时间我们在渡口特别忙，今天晚上才抽出一点时间，和你们谈谈我们这边的情况。

你们是知道的，渡口天气特别热，太阳大，白天如同火炉，又没有树遮阴，我们全家都晒得特别黑。友福和波儿爷俩成天在外面，都晒黑了，新臣还好，毕竟是姑娘家，知道爱美，要么戴着草帽，要么躲在家里。

我们这边纪律特别严，为了三线建设，大家都非常努力，每天工作都是从早到晚，不仅要成天刷油漆，还要带新臣和波儿，一天爬上爬下。前两天，我在刷外墙的时候头一晕，从架子上摔了下来，把脚摔骨折了，肿得像包子一样，好在医生说没有太大的问题，休息一段时间就能恢复。现在虽然好点，心里却特别着急，希望快点好起来，还有那么多工作等我去做。

爸爸妈妈，这段时间事情多、开支大，没有多余的钱给你们寄回来孝敬二老，希望你们理解，请你们放心，下个月等我们轻松一点，一定给你们寄点零花钱回去。另外，新臣和波儿说特别想你们，如果有空，看明年能不能带他们回来看你们一趟。

爸爸妈妈，我们隔得远，不能时时刻刻在你们身边尽孝，回来一趟又不容易，你们一定要保重身体，等以后我们把渡口建设好了，就把你们接过来，好好看看我们的成绩。
　　好了，你们也早点休息吧，下次再谈。
　　祝二老身体健康！

女儿：正秀

1974 年 6 月 17 日

142

这封家书是张正秀 1974 年 6 月工作之余，写给父母的一封问候信。

　　此时，张正秀已离开父母多年，在攀枝花成家立业。在信中，我们不仅可以看到一位女性对父母、对丈夫、对子女的挚爱与眷恋，而且可以看到一位三线人的责任与担当。

　　信的一开头便描述了攀枝花恶劣的气候条件及家人的生活状态，"你们是知道的，渡口天气特别热，太阳大，白天如同火炉，又没有树遮阴，我们全家都晒得特别黑，友福和波儿爷俩成天在外面，都晒黑了，新臣还好，毕竟是姑娘家，知道爱美，要么戴着草帽，要么躲在家里"。

　　攀枝花素来天气炎热，以致人们出门都必须自备"草帽""水壶"和"手电筒"（俗称"三件宝"）。当时三线地区曾广为流传着一句顺口溜："四川的太阳云南的风，贵州下雨赛过冬"，严酷的自然环境是三线人必须克服的第一道难题。

　　然而，尽管如此，张正秀依然严格要求自己，自觉遵守工作纪律。即使在工作中不幸摔倒负伤，但她也急切地希望自己尽快地好起来。"好在医生说没有太大的问题，休息一段时间就能恢复。现在虽然好点，心里却特别着急，希望快点好起来，还有那么多工作等我去做。"在她的心中，努力工作已经成为一种使命和责任，是三线人血脉之中流淌的基因。也正是因为有像她一样的一大批三线建设者，三线建设才取得如此巨大的成绩。

29. 秦万祥接妻书

（1975年2月3日—1977年7月6日）

秦万祥，1943年2月生，河南唐河人。1966年支援攀枝花三线建设，在攀期间，先后任冶金部第十九冶金建设公司党委副书记、副总经理，攀枝花市副市长、市长、市委书记，2002年调到成都工作，2009年退休。

建设者在集体研究施工方案

建设场面热火朝天

万祥：

　　你汇的 20 元钱收到了，看来你十分繁忙，我连封回信也收不到，真使我遗憾。

　　看到眼前别人一家老小欢聚过年，再看看自己孤苦伶仃，想想将来万事一人忙，没人来分担，有你这个人，只得长守寡。特别是逢年过节，或遇到难处时，这样的心情真是有苦难言，浮想联翩，熬啊！熬啊！

　　本学期的工作做得还可以，期中评上了模范教师，最近正准备写入党申请……

　　　　　　　　　　　　　　　黄秀芝
　　　　　　　　　　　　　　1975 年 2 月 3 日

147

万祥：

　　你托人代的东西和信都收到了。

　　..........

　　4 月 18 日是预产期，在这期间，望经济上给予援助，到时免得作难。鸡蛋现在还没买一个，因行动不便，一切还得准备。准备叫妈再过半月来学校，小衣服、吃的、用的还没准备，你那里别的我不需要什么，只希望你多来信，给以精神上的安慰，若有 28 公分蒸馍的蒸格买两格。

　　到时你是否能回来，望速回信。

床上之草：秀芝

1975 年 3 月 11 日

148

万祥：

　　今天上午收到了你的来信，得知了你的情况，放心了。

　　…………

　　现在我们要节约钱，到搬家时又需要大笔款，不然借债一堆，以后日子不好过，以后成家立业，从头到尾生活所需都得买，弄〈不〉好就债债相连。

　　你的身体得检查，有病了早治，不要不在意高血压、心脏病，还有其他的病要及早预防和治疗，自己应该对自己负责。

　　预祝你元旦过得美满、幸福、愉快！
　　预祝你新的一年里取得更大的成绩！
　　祝你的身体日益健康！

　　　　　　　　　　　　　　　　　秀芝
　　　　　　　　　　　　1976 年 12 月 20 日夜

万祥：

　　…………

　　这八年春夏秋冬来复去，夏天想起你，心中好似洒甘露；冬天想起你，三九寒冬心如春；我们心连心，心相印，夫妻情似海深，恩比泰山高千尺，情同长江流不尽，与天地共长存，与日月同光辉。此时，我岂止是与你写信，是我满腔热〈情〉注笔端，一片丹心纸上留。我走门口望南天，思绪万千想亲人，望穿万重山和水，似见你笑脸向我走，含笑中寓意多可亲……

　　八年凄风苦雨都经历，为革命、为工作赤胆忠心，驱散了心中的悲和忧，相互鼓舞，相互支持，携手并肩共同进步。

　　分离的苦楚即将结束，团聚的生活即将到来，让我们在今后的团聚中，友谊再友谊，我也坚信在这短暂的日子里和过去一样能够经受着任何考验，我自己敢这样向你断言。

秀芝

1977 年 7 月 6 日

上述四封家书是秦万祥妻子黄秀芝女士自 1969 年新婚之后与秦万祥分别，到 1977 年 8 年间与丈夫秦万祥的通信片段。

　　在信中，有等待、有埋怨、有无奈、有关爱、更有喜悦。

　　8 年分离，对于世间任何一对夫妻而言无疑都是一种莫大的煎熬与考验。人们常说，"两情若是久长时，又岂在朝朝暮暮"，将爱情描述得轻轻松松。然而，日子毕竟不同诗意，生活中的艰难困苦远不是诗词歌赋所能一语带过的。

　　为了三线建设，秦万祥背井离乡、远离故土亲人，长期战斗在攀枝花的第一线，作为妻子，黄秀芝不仅要承担作为一名教师的职责，还要承受生儿育女，无人照管的无奈。一封封家书便成了她精神上的最大慰藉，其情可悯，其心可疼。

　　然而，一路走来，我们不难发现，在夫妻的相互鼓励和扶持下，终究迎来了转机，更可窥见他们心情从阴郁走向欢愉的显著变化。

可以说，这组家书，深刻再现了当年三线人的普遍问题，夫妻之间，家国之间，倾注了建设者及其家属太多的心血和付出，他们以常人难以企及的责任与担当，经受住了国家和亲人之间的考验，将家国之情、夫妻之爱，发挥到了极致，谱写出了新篇。

30. 朱其材致父母书

(1976 年 1 月 1 日)

　　朱其材，1932 年 7 月生，江苏常熟人。东北大学毕业后，被分配至冶金工业部工作，1966 年以工作组身份初次来渡口，1970 年 1 月 4 日经过组织调动，成为渡口三线建设者，长期工作在弄弄坪指挥部一线，后任攀枝花建委工程师。

朱其材致父母书

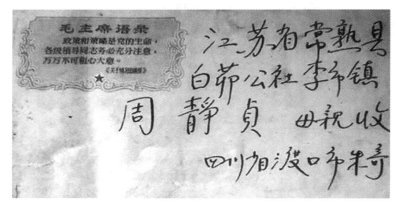

朱其材寄出去的信的信封

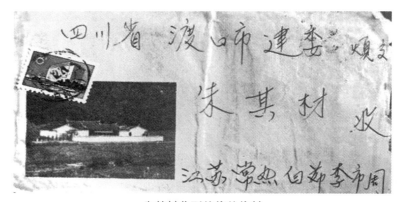

朱其材收到的信的信封

父母亲：

　　你们十二月十八日写的信已经收到，请勿念。我是最近又出了一次差，到成都以北的新都县开会，也是省里召开的一次会议。十二月二十日出去，今天阳历除夕回到渡口。现在刚刚看到你们的信，得知妈又发大病，我心中很是不安，所以要赶紧给你们写回信，叫妈首先要宽心，要树立信心，战胜疾病，并要格外注意，马虎不得，该不能下床的就勿下床，当然爸爸要费力了。必要时，只能求助于表弟妹们来服侍，把病退下去，还是不要紧的。

　　北楠的情况，我上次给你们的信上都讲了，他已经调到河北省的邯郸，他本人是今年年初就去的，上个月回重庆接家人，吕洁清只身先到沙溪住一些日子再去邯郸。

　　沙溪阿嫂那边，房子已经选好，阿芳是东面一上一下加一个平房灶间，阿二是西面一上一下，沿街的房子没有动，还是原样。这次造房成功，主要是大雄非常能干，里里外外考虑细致，安排周到，是很不容易的。

　　我这次出差，虽说出门不远，但经历了两个季节，从渡口出发，好比阳春三月，到了成都、新都，竟然大雪纷飞，天寒地冻，今天回到渡口，依旧和暖如春。这次回来，除了帮同志们带物品外，给自家略带一二，买回母鸡一只，蛋若干。母鸡很活泼，爱吃食，雪瑛要杀鸡吃，岳母不同意，要养起来生蛋，她说，面孔红了，快生蛋了，舍不得杀。雪瑛怪我为什么不多买几只鸡和蛋，因比渡口便宜得多。我是既不会购东西，又怕麻烦人，所以此机会也未充分利用。即使如此，我们这次元旦和接着来的春节，都有足够吃的了，你们不要为我们考虑什么了。

元月份，我们准备寄〈给〉你们40元生活费，以补贴你们医药超支及节日超支，请注意查收，可能八九日寄出。

两个孩子仍如此，岳母身体很好。雪瑛感冒好了，请勿挂念。雪瑛和岳母明春三四月可能回家乡处理房产问题，她也很挂念你们。

先写到这里。

祝健康。

儿其材并雪瑛
1976年除夕

这封家书是朱其材1976年12月底，出差回家收到父母亲来信后，速成的一封回信。

　　朱其材自幼体弱多病，父母无力抚养，被抛弃后为传教士收留，辗转被中共党员朱蕴玉、周静贞收养，视如己出。他聪明过人，刻苦认真，顺利考上东北大学。对养父母，朱其材向来孝敬有加。

　　到攀枝花工作以后，他随时保持着与父母的书信联系，然而由于工作紧张，差旅频繁，母亲病重，不能回乡照顾，只能求助父亲和表弟妹们代为照看，为此感到十分愧疚。在信中，他提醒母亲一定要注意身体，细心养病。为了让母亲安心，他还分享了出差时温度的变化、念叨家里的母鸡吃食、邮寄生活费等各种问题，让我们深切地感受到他作为子女的无微不至。

　　然而，毕竟他是一名三线建设者，为了确保1970年"七一"出铁，朱其材长期奋战在攀枝花第一线，住工地、协调现场，和现场干部、工人同吃同睡，长时间都没有睡过圆圆觉。可以说，从他的身上，我们可以深切体会到一名技术工人、知识分子的责任与担当，以及"家国"二字在其心中的分量。

31. 李鸿涛致艺友书

（1976 年 1 月 12 日）

李鸿涛，1948 年 4 月生，四川成都人。1969 年 3 月随成都市建二公司调到攀枝花市，在攀枝花市建二公司预制厂工作。1975 年底调到市文艺宣传队，任二胡演奏员。1985 年调到成都市龙泉区柏合小学从事音乐教学工作，1990 年调到成都市双林小学任教，2008 年退休。

演出云南花灯戏《数九春风》剧照之一

演出云南花灯戏《数九春风》剧照之二

德科兄：

你知道，去年年底我从二公司调到战鼓文工团，现在它叫"渡口市文艺宣传队"。到那里之后我立即加入宣传队已经开始排练的一系列歌舞节目之中，云南花灯歌舞《山花赞》、云南花灯戏《数九春风》及其他声乐、器乐节目。《山花赞》内容表现农业学大寨，唱队的小胡演老农，他和一群女演员说说唱唱地表演；《数九春风》则表现当年红军长征路上毛主席的年轻警卫员替毛委员给穷苦的老农谢富海送御寒棉衣之事。谢富海由原我们二公司的教昌德扮演，红军警卫员战士由唱队的张季次扮演，谢富海孙女由舞蹈队的余农荣扮演。小胡是新手上台，扮演的那老农表演欠佳，但一群女孩子载歌载舞的表演让人赏心悦目。《数九春风》中，由于教昌德有过演京剧《沙家浜》指导员的经验，在《数九春风》中道白干净清楚，唱段字正腔圆；余农蓉饰演的孙女天真活泼，说："那是一个十七八岁的小红军哥，有着红红的脸、亮亮的眼。"张季次扮演的红军战士朴实可爱，配合余农荣的台词两眼不住地眨巴闪动。我想，擅长文字创作的你是喜欢听我讲述这些杂事的。

渡口市文艺宣传队每年都有60场下农村演出的任务，此次我们下农村演出，由乐队的邓思义领队兼吹竹笛。这次农村小分队住在平地公社，前两年平地还属于云南，1974年国家刚刚把云南永仁县的平地公社、大龙潭公社划给渡口市，想来这些云南花灯节目当然非常适合原本是云南老乡的当地农民观看的。

公社所在地，除了平房就是一幢两层楼的瓦房，下面是公社办公室，小分队成员在二楼打地铺，人人铺下都垫上厚厚的谷草，夜晚睡觉还是够暖和的。这几年，渡口人都在"先生产后生活"口号中习惯了艰苦朴素的生活，我曾经也住惯了动力站、预制厂、建工指挥部的工棚。平地公社的地铺也就安之若素了。

这次下乡演出除了通公路的生产队可以乘坐卡车之外，我们天天都背着乐器、灯具、简单的道具从公社驻地步行到其他生产队演出，每次步行都在5公里甚至10公里以外。今年冬天这里特别冷，日日寒风凛冽，路上沿途黄土丘陵。其间杂草难生，仅有清一色稀稀落落的矮短马尾松，甚是荒凉。公社的生产队及村落的名字奇奇怪怪，如迤沙拉、白拉姑、白石岩、辣子哨、马头村、上村、下村等，好多村落都长满一人多高的仙人掌、霸王鞭等热带植物。棉鞋、军用水壶、手电筒，是小分队演员们的必备之物。小路蜿蜒曲折、起伏不定，唱队的小胡自幼跟随成都著名拳师张英振（小胡的外公）习武，腿脚利索行走如风，乐队的鄢哥（德科你在渡口市建工指挥部《沙家浜》剧组就熟悉他的）路上常磕磕绊绊跟不上，便不停地大叫"奉先等我"。熟识老鄢的人知道他在调侃"奉宪"为"奉先"，后者有"吕奉先"之意。夜间演出归来，众多手电光在山道间摇曳，路过村民院落时引得众犬狂吠不已，回头定睛再看，群犬目光如同悠悠鬼火，甚是骇人。我们在这次演出期间，可真是苦乐相随相伴！

渡口市文艺宣传队演员们每天的劳苦奔波公社领导看在眼里，平地公社的书记为我们特批了一些鸡鸭鱼及牛羊肉，全都是市场平价。一天中午，五十多岁的伙房师傅梁兴德为大家清炖了一大锅牛羊肉，笑容可掬地招呼大家用餐。队员们在伙房外面于凛冽的寒风中用餐，一不留神碗筷之上瞬间会凝结出白白的油脂。这些年在渡口，我们渡口市建二公司的工人们从不知严寒为何物，可是在 1975 年 12 月的平地公社真是让人开眼并了解了渡口边远农村的严寒天气。

一天晚上我们在马头村演出结束后，村民们热情地挽留小分队吃饭，那一餐是贫穷的村民们为演员们熬出的一大锅黏稠的红糖酒米稀饭。写到这里，我想，我本人怕是今生今世永远难以忘怀马头村那寒冷的冬夜，那黏稠暖心的红糖酒米稀饭，那些贫困的恳嘴待客的淳朴村民们以及他们真诚的情义！

德科兄，不知我的这些不足为外人道的话语能否为你提供可取的创作素材？

此致

冬祺！

愚弟鸿涛于 1976 年元月 12 日

这封家书是李鸿涛于 1976 年元月写给好友陈德科，讲述攀枝花市文艺宣传队创作排练新节目为农村群众送戏下乡往事的信。

　　信中详细记述了当年排练文艺节目的诸多细节，许多当时年轻的演员后来都成为攀枝花大名鼎鼎的文化人物。当时的节目既有阳春白雪的，也有下里巴人的，但都选用了当地群众（原属云南）熟悉的艺术形式，相当接地气，当然也就受到乡亲们的热烈欢迎。

　　演员的辛苦付出得到了乡亲们的回报，最难得的是在 1976 年 1 月份攀枝花难得的严寒天气里那一大锅热气腾腾的羊肉汤，还有一次晚上演出结束后老乡们专门为文艺小分队准备的那一碗黏稠的红糖糯米稀饭，那香喷喷的味道和暖心暖胃的食物让人终生难忘。

　　李鸿涛的信生动地记述了当时建设者和当地村民融洽和谐的关系，展示了三线建设对西部地区、民族地区政治、经济、文化等方面的全方位推动。

也正是得益于在攀枝花市文艺宣传队奠定的基础，李鸿涛后来在小学组建了两支省市闻名的学生乐队，在音乐教育方面多有建树，先后被授予成都市学科带头人、四川省特级教师等荣誉，享受成都市政府特殊津贴。

32. 李鸿涛致艺友书
（1976 年 3 月 16 日）

李鸿涛，1948 年 4 月生，四川成都人。1969 年 3 月随成都市建二公司调到攀枝花市，在攀枝花市建二公司预制厂工作。1975 年底调到市文艺宣传队，任二胡演奏员。1985 年调到成都市龙泉区柏合小学从事音乐教学工作，1990 年调到成都市双林小学任教，2008 年退休。

市战鼓文工团赴农村演出

小分队在平地公社留影（后排左一为李鸿涛）

德科兄：

　　渡口市文艺宣传队一年60场的农村演出任务，可真不算少。结束了平地公社的演出，我们回到炳草岗才仅仅一个多月，渡口市文艺宣传队的小分队又到中坝公社演出。此时刚刚三月，渡口市的中坝公社干燥炎热。

　　这次小分队住在中坝公社小纸房生产队，队员们都住在社员李福才李老倌及与他相邻的村民家。李老倌一杆猎枪挂在堂屋，枪柄粘了不少花花绿绿的雉鸡毛，以此佐证他曾经的好枪法。

　　李老倌房屋外面，即是刚刚动工的小纸房水库。工地白天四处红旗飘飘，高音喇叭轮番播放《学大寨赶大寨》《社员都是向阳花》《红旗渠凯歌震天响》等歌曲，社员们挖土、抬土、担土、推土，不亦乐乎，人们大有1970年渡口市建二公司在弄弄坪大打歼灭战的豪情和气概。小分队的主要任务虽然是演出，可第一天也全都投身于水库修建之中。红火的太阳，鼎沸的人声，人人争先恐后挣够了表现。

　　李老倌家大概有四五间干打垒房屋，左侧几家是其他社员的房屋，右侧是自家的菜地，几家农舍背后是灌木丛林及山坡。

　　我们乐队集体打地铺住在李老倌的一间光线阴暗的大屋里，这次又是自带炊事员。刚到那天带队的凌光中老师吩咐大家去后面山坡的小树林捡一些干树枝给厨房发火做饭。敖昌德回来对大家讲捡柴的经历，他和几个唱队、乐队的小伙子们来到离住地不远的山坡上，那里有一大片小树林，一人多高，长得很茂密，人在里面，彼此都看不见。可惜干枯的树枝并不多，只好掰树上一些新的丫枝，以便回去交差。大伙正掰得起劲，突然听见一个低沉的云南口音在吼道："你们在干哪样？"大伙吃了一惊，停下了手中的活。因为树枝遮挡，没有看见是谁在吆喝，再说他也没有说不准掰折树枝呀，于是继续手中的活。"说不听吗！"那个声音提高了八度，像是发了脾气。"糟了，被农民发现了！"有人悄悄嘀咕着。空气突然变得紧张，似乎快要凝固。大伙儿停下手中的活，不知如何是好。突然传来一阵哈哈大笑，原来是乐队的一个小伙子在恶作剧，吓唬大家。这下大伙儿才松了一口气，赶紧把折下的树枝打捆搬下山。

　　到红峰生产队演出地点是在红峰小学，沿途众多的黄泥土山岗此起彼伏，山间小路蜿蜒曲折，路边不少郁郁葱葱的苍松翠柏。敖昌德唱起了电影《决裂》的插曲《共大赞歌》，"满山的松树青又青啰哦，满山的翠竹根连根啰……"。其情其景倒也贴贴切切，无怪乎引发这位北大学生的歌唱兴致！

　　路上爬坡上坎，四十多岁个儿矮小的扬琴乐手黄茂生老师身背扬琴显得力不从心。我说道："黄老师，快把扬琴放下来，我帮你背。"于是我把扬琴背在背上，二胡交给黄茂生。中坝演出，话剧队的女生杨健壮加入其中，她的任务是担任这台节目的报幕工作。杨健壮瘦削高挑，五官匀称，健谈大方。她也争着要背扬琴，黄茂生问："你那么瘦削单薄，怎么取名杨健壮？"杨回答："正是因为小时瘦弱，父母才给我取这个名字，希望我长得健康强壮。"一路上大家说说笑笑，一个多小时大家爬上了山顶的红峰小学。那天的演出大约在午后一点过，生产队的社员们、小学生充当观众，小学的操坝挤得满满当当。大家演出认真卖力，看得出来观众们都看得有滋有味，估计这样的演出社员们是很难看到的。

可以想象，渡口市还没有上马之前，中坝公社这一带是没有公路的，红峰生产队就是到仁和赶场也得走几十里的小路。现在好了，中坝好多生产队都修起了公路。平地公社到大渡口的五十多公里公路也全都是1966年渡口的三线建设打响之后修建的。1966年3月才有渡口市战鼓文工团，那段时间中坝公社的农民们几乎与世隔绝，怎么能看到文艺演出？

德科兄，不知你是否在创作上有了新的作品？也不知我们这两次的农村演出能否让你产生创作的冲动？抑或给你提供一下创作上的材料？

　　此致
安好！

愚弟鸿涛

1976年3月16日于小纸房

这封家书是李鸿涛于 1976 年 3 月 16 日写给自己好友陈德科的一封信。

　　信中记述了那个年代特有的文化氛围和火热的劳动场面，饶有趣味地讲述了文艺宣传队到农村去慰问修小纸房水库的社员的故事。有小伙伴的搞怪捉弄，北大学生敖德昌的即兴演唱，还有身材瘦削单薄的"杨健壮"名字的由来……生活虽苦，但这群年轻人乐在其中！

　　也许正是艰苦生活的磨砺，才成就了那一代人的辉煌。李老师虽然后来离开了攀枝花，但他忘不了在攀枝花的青春故事和自己的成长经历，只是回首往事，大家都忘记了当时的苦，记住的只有激情燃烧的岁月。

33. 朱其材致父母书

朱其材，1932 年 7 月生，江苏常熟人。东北大学毕业后，被分配至冶金工业部工作，1966 年以工作组身份初次来渡口，1970 年 1 月 4 日经过组织调动，成为渡口三线建设者，长期工作在弄弄坪指挥部一线，后任攀枝花建委工程师。

建设初期的"席棚设计院"

建设者挑灯夜战

父母亲：

接到冯玮弟代父亲写给我的信，心中十分难过。父亲病重，痛苦万分，我理应赶回家来，尽自己的义务。现在我正争取组织尽快批准我请假。这里不妨说说我的处境。我们建委机关，在十月份机构变动，一分为二，成立了建工指挥部，新的建委搬到市革委会办公，机构不健全，骨干人员缺乏，上级宣布，由我暂负责两个部门的工作，一是建委技术处，一是市防震抗震办公室，担子十分重，这是党中央对我们老技术人员的重用和信任，我自感政治条件差，水平低，能力弱，这副担子是拼命在挑的，一点也疏忽不得，一点闲的时间也没有。大量的工作都要做科学的安排，才能应付过去，我上次写的"责任在身"就是这个意思。我请求建委主任准我半个月假，回家一次，主任说要请示市委，叫我等着听答复，所以我还不能告诉你们哪天启程。怕你们焦急，先写此信，家里事望表弟妹继续援助，照顾你们，我是不会忘记的。

祝冬安！

儿其材上

1977 年 12 月 28 日

这封家书是朱其材 1977 年 12 月 28 日接到父亲来信后，写下的一封回信。

与上一封信中提及的母亲病重一样，这次父亲生病，他仍然没有时间回家，"心中十分难过"。他说，"父亲病重，痛苦万分，我理应赶回家来，尽自己的义务。现在我正争取尽快批准我走"。然而，作为部门负责人，朱其材此时身兼数职，分身乏术，"担子十分重"。他一头系着父亲的身体状况，一头系着单位的千钧重任，左右为难。一句"责任在身"，深刻再现了当年三线人的精神风貌和真实处境。

为了让父亲安心，朱其材向领导汇报了情况，急切地等待假期，盼望回家探亲，以尽人子之孝。可是，对于身处异地的游子而言，等待何尝不是一种"折磨"？对今天朝发夕至的我们而言，三线人的担当与精神确实是值得我们学习的。

34. 丁朝霞致父母书

（1978 年 9 月 16 日）

　　丁朝霞，1963 年 12 月生，重庆市人。1978 年 7 月被攀枝花市歌舞团特召录用，国家一级演员、女中音歌唱家，原攀枝花市艺术剧院乐团团长，中国音乐家协会会员，中国低音提琴学会会员、四川省音乐家协会会员、攀枝花市音乐家协会副主席，攀枝花市政协委员，现任攀枝花市文化艺术中心艺术剧院有限公司总经理。

丁朝霞舞台表演照片之一

丁朝霞舞台表演照片之二

爸爸、妈妈：

晚上好！

10点半了，我刚从攀钢演出回来，守门的王师傅就交给我家里的来信，真是太高兴了，今天演出也很成功，我很开心。爸爸、妈妈，我离开重庆到渡口工作已几个月了，虽然这里条件嘿不好（很不好），环境恶劣，气候又热又干，但这里地势跟重庆像，到处都爬坡上坎的，我渐渐地习惯了。我的工作我也越来越喜欢，像今天，我们团第一次到攀钢演出，好大的场面啊，工人师傅好像都来了，今晚的舞台上五颜六色的灯随着音乐忽明忽暗，令人眼花缭乱，红光像火，粉光像霞，黄光似电，把工友们都带入了快乐世界。我看到台下人山人海，紧张惨了，上台前一直有点发抖，但当我上台的时候，我抱着那把大三弦，信心一下就上来了，我演奏完《打虎上山》最后一个音符时，台下响起雷鸣般的掌声。爸爸、妈妈，我真的好自豪啊！领导、同事直夸我，说我小小年纪，演奏技艺不输大家呢！我想起了大哥，要不是他像老师一样在我从小就严格训练我，哪会有今天的我呀，感谢我的大哥老师！爸、妈，演出之前，攀钢还带我们全体演员到高炉前参观呢，我第一次看到铁水奔流、钢花飞溅的场景，好晃眼睛，好美啊！就是热得吓人！工人师傅一个个汗流浃背，脸上花花沓沓的，辛苦得很。但攀枝花的人都是精精神神的样子。我在想，虽然我干不了这些活路，但我也可以用手中的这把三弦，为他们弹奏动听的音乐，为他们鼓鼓劲啊。爸爸、妈妈，相信你们的女儿一定可以！爸、妈，你们不要挂念我，我的事情多得很，每天要练琴，还要跟着学习文化，我想多学点本领，以后在哪里都有碗饭吃。还有两个多月就是我 15 岁的生日了，今年过生日就吃不了妈妈给我煮的鸡蛋了，心里有点难受。不过，爸、妈不用为我担心，我会学会坚强的。团里因为我是最小的演员，大家都很将就我，团里的领导非常关心我，同事也很照顾我，我过得很快乐。食堂每天中午都有香喷喷的回锅肉呢，这段时间，我都长胖了点，也长高了，等空了我去照相馆给你们照一张全身像寄回来。对了，上个月给你们寄的 10 元钱收到没有？我现在每月工资虽然只有 24 块 5 毛钱，但我用 10 块钱就足够了。每月给你们汇 10 块钱回来贴补家用，这样爸爸、妈妈也不用那么辛苦和节约了。夜很深了，这里 9 月了还很热，我有点睡不着了，去练会儿琴。

　　祝爸爸妈妈身体健康！祝大哥、大姐、二哥、二姐、三哥工作顺利！

女儿：朝霞

1978 年 9 月 16 日

这封家书是 1978 年 14 岁的丁朝霞作为三弦演奏员特招录用到攀枝花歌舞团后给父母的信。

　　丁朝霞到攀枝花后，立即投身到火热的三线建设中，她苦练三弦演奏技艺，到工厂演出慰问生产一线工人，为艰苦创业的建设者带去精神的愉悦，美的享受。在攀枝花热火朝天的建设氛围中，她感受到一名三线建设者的光荣与自豪。

　　14 岁的丁朝霞虽然年少，但她稚嫩的眼光看到了攀枝花的建设成就，感受到了建设时期人与人之间的温情，表达了对父母的爱与关切，更展现了建设者们苦练本领，勇于奉献的精气神。"虽然我干不了这些活路，但我也可以用手中的这把三弦，为他们弹奏动听的音乐，为他们鼓鼓劲！"攀枝花正是千千万万个像丁朝霞这样的建设者"献了青春献终身，献了终身献子孙"铸成的，他们在奋斗中锻炼自己，在成就这座城市的同时也成就了自己！

35. 丁朝霞致父母书
（1980年6月21日）

　　丁朝霞，1963年12月生，重庆市人。1978年7月被攀枝花市歌舞团特召录用，国家一级演员、女中音歌唱家，原攀枝花市艺术剧院乐团团长。中国音乐家协会会员，中国低音提琴学会会员、四川省音乐家协会会员、攀枝花市音乐家协会副主席，攀枝花市政协委员，现任攀枝花市文化艺术中心艺术剧院有限公司总经理。

丁朝霞舞台演唱黑人歌曲

丁朝霞演出后合影（右一）

爸爸、妈妈：

　　你们好！

　　家中现在如何？妈妈的腰痛病好些没有，最好去医院看一看，钱我明天再给你们寄点回去，别舍不得花，身体要紧。

　　昨天我刚学习回来，这次我被团里选中派往东方歌舞团学习朱明瑛老师演唱非洲歌曲，收获非常大。学习了演唱技巧，了解了亚非拉国家风土人情，还专门进行了表演形体训练。爸、妈，你们知道，我一直想当一个歌唱演员，这次学习得到了很多歌唱和表演的技巧指导，这段时间我要好好练习，早点把学到的歌唱给观众听。

　　爸、妈，渡口现在成立了好几个文艺团体，有渡口歌舞团、话剧团、京剧团。领导说大家干工作搞建设很辛苦，不能在精神上苦大家，成立这些文艺团体就是要给建设者带去精神慰藉，美的享受。市里对我们很重视，排练了新节目领导都来指导。团里天天都有演出任务，经常到矿山、部队、机关、学校、街道、农村去，渡口处处都是我们的临时表演舞台。那些工人师傅、解放军和老乡们听说我们要去，每次都早早地去场坝等，有一次我们去粘土矿演出，刚演一会突然狂风大作，雷鸣闪电下好大的雨呀！可工友们不愿离去，一直站在雨中等着，好多工友把衣服脱掉顶到头上当雨伞，眼巴巴望着舞台，那样的眼神让人不忍拒绝，所有演员都流下了感动的泪水，集体向领导要求冒雨为工友们继续演出。哎，大伙那么欢迎我们，我觉得自己很有用处，我的工作很有价值。

渡口优秀的人太多了，大家都为了这座城市的建设做了很多事。我们团的创作部主任丁厚生，是毕业于复旦大学新闻系高〔才〕生，为了响应毛主席号召，动员爱人带着一岁多的娃儿举家来渡口支援三线建设，去兰尖矿区采风，车子翻到沟里去了，牺牲在兰尖山上了。妻子哭得死去活来……跟这些前辈比，我差得太远了，不仅业务上有差距，就是觉悟上也有差距。所以，我下决心好好在渡口干，把自己学到的都奉献给这座城市的建设者。爸、妈，通过这几年的锻炼，我是不是懂事成熟了些啊！所以，爸妈，你们不要劝我回重庆了，也不要再到处跑给我联系单位了，我在渡口工作很有成就感，我真的不想离开这里了。这里很好呀，我就想坚守在这里，也许是20年、30年、40年……单位的领导那么重视我、培养我，我也不能辜负他们对我的期望，我希望自己能成为一个既能弹琴又能唱歌的全面发展的好演员。我还有一个梦想，就是学着创作写歌曲，以后我要为自己写一首歌，回来唱给你们听哈！

爸爸、妈妈，请你们保重身体，过一段时间我把你们接过来耍一趟，来看看渡口啷个样，看看你们的幺女儿工作生活得好不好，也来听一哈我学的黑人歌曲。

女儿：朝霞

1980 年 6 月 21 日

这封家书是 1980 年 6 月 21 日丁朝霞到攀枝花工作两年后写给父母的一封信。

　　八十年代的攀枝花，文艺团体像雨后春笋般出现，为解决建设者们的文化娱乐需要，先后成立了歌舞团、话剧团、京剧团，后来还成立了川剧团、交响乐团，这些文艺团体创作了大量贴近生活、贴近群众的歌曲、舞蹈、剧目、文学作品，为广大建设者带去了精神食粮。

　　从信中可以看到，17 岁的丁朝霞已不再是先前那个稚嫩的小姑娘了，由于出色的演奏技艺，她获得了"丁三弦"的雅号，还被歌舞团派去学唱朱明瑛老师的歌曲，受前辈们事迹的影响，她渴望学习，渴望成长，渴望成为更好的自己。

　　在 40 年后的今天，她做到了！成为攀枝花市文艺团体的负责人，国家一级演员，能弹能唱能编能写。"青春是用来奋斗的"，让我们为奋斗的青春点赞！